Un collectif sous la direction de
Sol Zanetti

Le Livre qui fait dire oui

Éditions du Québécois

Éditions du Québécois
C.P. 21022
755, boulevard René-Lévesque
Drummondville, Québec J2C 8B8
Tél. : 819 850-8323

www.lequebecois.org

Réalisation de la couverture : Guillaume Boutet Dorval

Suggestions de classement :
Zanetti, Sol, dir. (1982–)
        Le Livre qui fait dire oui

Essai québécois – Autonomie et mouvements indépendantistes.

Distributeur : PROLOGUE

Diffuseur :
DLL Presse Diffusion
1650, boulevard Lionel-Bertrand
Boisbriand, Québec J7H 1N7
Tél. : 450 434-4350
www.dllpresse.com

ISBN 978-2-923365-53-4

Dépôt légal – Bibliothèque et Archives nationales du Québec, 2015

Dépôt légal – Bibliothèque et Archives Canada, 2015

«Ce ~~film~~ *livre* appartient à tout le monde, il doit circuler,
comme une bouteille à la mer. Volez-le, copiez-le,
distribuez-le![*] »
– Pierre Falardeau

[*] Pierre Falardeau avait écrit cette phrase sur une centaine
d'exemplaires de son film *Le temps des bouffons* afin d'en amorcer
la distribution «clandestinement». Si l'envie de voler ce livre
vous prenait réellement, nous vous invitons à envisager plutôt
le partage.

Le Québec devrait-il être un pays ?

Sol Zanetti
chef d'Option nationale

L'indépendance du Québec n'est pas le projet d'un parti politique ni d'une génération : c'est le projet d'un peuple en marche vers sa liberté. La liberté politique que nous voulons, c'est la même que celle que le Canada, l'Italie, l'Inde ou tout autre pays possèdent et dont ils ne voudraient jamais se départir ; celle qui leur permet de décider eux-mêmes des règles de vie sur leur territoire et des liens qui les unissent aux autres peuples du monde, tout simplement.

Une vieille question ?

Les questions politiques ne se périment pas simplement sous l'effet du temps qui passe, comme le font certaines modes vestimentaires ou musicales. Une question politique devient obsolète lorsqu'elle se résout, lorsque les problèmes qui l'ont soulevée ont trouvé une solution définitive.

La question de l'indépendance du Québec remonte aux années 1830 et n'a toujours pas trouvé de telle solution. Comme le montrera le présent ouvrage, les enjeux – économiques ou environnementaux, pour ne nommer que ceux-là – que nous devons affronter au 21ᵉ siècle ne font qu'accentuer l'urgence de résoudre cette question.

Laisser Ottawa choisir nos orientations politiques et économiques nous dessert chaque fois que nos intérêts sont opposés à ceux de la majorité canadienne. C'était vrai dans le passé, c'est vrai aujourd'hui et ce le sera jusqu'à ce que nous fassions du Québec un pays. Quel que soit le parti au pouvoir à Ottawa, cette dynamique est inévitable. Dans le système canadien, elle est normale et légitime, même ; mais elle n'est pas à notre avantage. Bref, comme le disait Miron, «tant que l'indépendance n'est pas faite, elle reste à faire»[1].

Évidemment, notre indépendance ne nous garantira pas la liberté absolue. Les peuples du monde ne vivent pas en vase clos, mais dans des systèmes économiques et politiques de plus en plus interconnectés. Même les pays indépendants ne font pas toujours ce qu'ils veulent. Ils doivent tenir compte des autres et, idéalement, s'entendre avec eux. Ils subissent de fortes pressions venant de puissances économiques et politiques extérieures, d'entreprises multinationales et de divers lobbys. Toutefois, pour un peuple comme pour un individu, une plus grande liberté est toujours souhaitable, puisqu'elle leur ouvre des possibles et les soustrait à l'hégémonie des autres. L'indépendance est le premier outil nécessaire pour se tenir debout devant les forces mondiales qui font pression sur nous.

Qu'est-ce que l'indépendance ?

Lorsqu'il est question de l'indépendance du Québec, il est question d'indépendance politique. L'indépendance politique d'un État, c'est sa capacité de rédiger toutes *les lois* qui s'appliquent sur son territoire, d'avoir la pleine gestion de tous *les impôts* et les taxes prélevés chez lui et de négocier lui-même *les traités* qui le lient aux autres peuples du monde. Lois, impôts, traités : telles sont les pierres d'assise de l'indépendance d'un pays.

Un État qui ne possède pas ces outils de base ne gouverne pas pleinement et n'est pas libre de mettre en place toutes les politiques nécessaires pour servir ses intérêts nationaux. Qui oserait nier la légitimité de cette liberté qu'ont les Brésiliens, les Congolais ou les Allemands de choisir eux-mêmes leur destin ? Cette liberté que nous reconnaissons légitime pour les autres l'est aussi pour nous.

En 1946, l'ONU comptait 55 États membres[2]. Elle en compte aujourd'hui 193. Depuis les années 1980 seulement, une quarantaine d'États ont acquis leur indépendance. Parmi tous ces nouveaux pays, peu d'entre eux bénéficiaient d'un contexte économique et social aussi favorable que le nôtre, et aucun ne semble regretter sa liberté nouvellement acquise. Si l'autodétermination de ces peuples a été possible, la nôtre l'est encore davantage.

« Un pays peut faire tout ce qu'une province peut faire, mais l'inverse est faux[3] »

Indépendants, nous conserverons tous les pouvoirs que nous avons actuellement. Mais nos pouvoirs et nos responsabilités augmenteront, et la proportion de nos taxes et de nos impôts que nous gérons nous-mêmes passera à 100%, comme pour tous les pays du monde. Nous pourrons donc faire tout ce que nous faisions avant, et même davantage.

Essentiellement, faire du Québec un pays, c'est ouvrir l'horizon de nos possibles. C'est rapatrier nos responsabilités politiques, qui tombent alors entièrement sous le contrôle de la démocratie québécoise. Présentement, une large part des décisions nous concernant sont prises au Parlement d'Ottawa, dans lequel nous n'avons que 23% des sièges[*]. C'est le cas notamment de toutes les décisions qui touchent la défense, les relations internationales, les banques, les cours monétaires, les «Indiens et [les] terres réservées [aux] Indiens», la citoyenneté, les lois criminelles, les pénitenciers, la gestion de la Caisse d'assurance-chômage, les télécommunications, le transport ferroviaire interprovincial, le transport des hydrocarbures, le transport maritime, les ports, la poste, la subvention des arts, la recherche scientifique et bien d'autres[4].

Par ailleurs, même dans les champs de compétence qui devraient relever exclusivement du Québec, le gouvernement du Canada possède un «pouvoir de dépenser» qui l'autorise à investir l'argent que nous lui envoyons chaque année dans des projets qu'il choisit en fonction de l'intérêt de la majorité canadienne. C'est ce qui se passe régulièrement dans les secteurs de la santé et de l'éducation lorsque le gouvernement canadien nous dicte la façon de dépenser l'argent que nous lui envoyons en fonction de priorités qui ne conviennent pas à notre réalité. L'exemple des transferts canadiens en éducation sera développé dans les chapitres suivants.

Plus de centralisation, moins de pouvoir pour nous
Non seulement le régime canadien réduit énormément le pouvoir que nous avons sur des secteurs clés de notre vie collective, mais sa structure même favorise une centralisation croissante des pouvoirs à Ottawa. En effet, l'article 91 de la *Loi constitutionnelle de 1867* attribue au gouvernement central tous les nouveaux pouvoirs et responsabilités apparus depuis son adoption. Cet article confère à Ottawa ce qu'on appelle un *pouvoir résiduaire*. C'est à cause de ce pouvoir, par exemple, que les lois liées à Internet, d'une nécessité récente, relèvent du gouvernement canadien. Toutes les nouvelles responsabilités politiques futures, celles que nous ne pouvons même pas encore imaginer, relèveront exclusivement d'un Parlement au sein duquel nous avons une représentation politique décroissante.

**L'indépendance :
un projet de gauche ou de droite ?**
Lorsque nous abordons la question de l'indépendance, nous avons tendance à nous demander s'il s'agit d'un projet

de gauche ou de droite afin d'évaluer s'il cadre avec nos valeurs. Historiquement, le mouvement indépendantiste québécois a été porté par une coalition à l'éventail idéologique diversifié dont la moyenne des valeurs politiques se situe environ au centre-gauche.

Cela dit, le projet indépendantiste se caractérise essentiellement comme un projet démocratique visant l'auto-détermination de la nation. Les Québécoises et les Québécois feront ce qu'ils veulent de leur liberté, comme tous les peuples du monde. On peut souhaiter l'indépendance pour éliminer des structures administratives inutiles que nous impose le régime canadien, comme on peut la vouloir pour dégager les fonds nécessaires au financement d'un système d'éducation plus accessible. Toutefois, l'enjeu de l'indépendance ne se situe pas sur l'axe gauche-droite, mais dans l'horizon de l'autodétermination.

Choisir l'indépendance, c'est vouloir se gouverner soi-même. S'y opposer, c'est accepter d'être gouverné par la majorité canadienne. Tel est l'enjeu. La liberté d'un peuple, comme celle d'un individu, a une valeur en soi. Aurait-il été recevable de s'opposer au droit de vote des femmes sous prétexte qu'elles auraient pu voter plus à gauche ou plus à droite? Bien sûr que non. On ne juge pas de la valeur de la liberté des autres à ce qu'ils en font. Ayons envers nous-mêmes le même respect.

L'indépendance ne réglera pas tous nos problèmes, mais elle va au moins mettre entre nos mains les outils indispensables pour les régler. Quel que soit l'idéal du pays que nous voulons réaliser, qu'on le veuille plus à gauche ou plus à droite, il serait illusoire de penser que nous pourrons le bâtir sans avoir le plein contrôle de toutes nos lois, de tous nos impôts et des traités qui nous lient aux autres pays. L'indépendance ne sera pas la fin de l'histoire, mais plutôt le début d'un nouveau chapitre de celle-ci, que nous écrirons cette fois nous-mêmes.

Le *Livre qui fait dire oui*

L'objectif de cet ouvrage est d'offrir une présentation rationnelle, vulgarisée et concise des effets concrets qu'amènera notre indépendance. Il s'agit d'un ouvrage d'introduction qui ne nécessite pas une grande connaissance préalable de la politique québécoise. Ce livre ne prétend pas répondre à toutes les questions sur le sujet, mais vise plutôt à présenter une multitude de raisons pour lesquelles, aujourd'hui, il faut faire du Québec un pays.

Notre pari est qu'au terme de votre lecture, vous aurez, comme nous, envie de dire oui.

---

[*] Cette proportion, qui était de 33 % en 1867, n'a fait que diminuer depuis.

L'environnement
Miguel Tremblay
physicien

Lors de nos deux récentes tentatives concrètes d'accéder à l'indépendance, l'environnement n'a pas été un enjeu mis à l'avant-plan. Les questions environnementales étant devenues cruciales dans les dernières décennies, il est essentiel d'étudier les conséquences de l'indépendance du Québec dans ce domaine.

Parmi les pouvoirs supplémentaires que nous obtiendrons, ceux concernant l'environnement mèneront à une gestion bien différente de celle qu'opère le Canada. L'environnement étant étroitement lié à la gestion du territoire, nous ne pourrons avoir le plein contrôle sur celui-ci tant que nous demeurerons dans le régime canadien. L'indépendance nous permettra ainsi de gérer les questions environnementales selon nos priorités plutôt que de nous en remettre à celles d'un gouvernement élu en majorité par un autre peuple.

Ce texte présentera les pouvoirs sous l'égide exclusive du gouvernement du Canada qui ont des répercussions sur l'environnement. Il apportera aussi des exemples de décisions canadiennes que l'exercice de ces pouvoirs a rendues possibles. Cela montrera la liberté d'action que gagnerait un Québec indépendant dans ce domaine.

Les pouvoirs qui nous échappent
Les traités internationaux

Le premier champ de compétence en environnement détenu par le Canada est la ratification des traités internationaux. C'est en effet le gouvernement du Canada qui participe aux instances internationales et qui signe ces traités au nom de toutes les Canadiennes et de tous les Canadiens. Le Canada s'est par exemple illustré en étant le seul pays à se retirer du protocole de Kyoto[5]. Il nuit de plus aux efforts internationaux[6] qui visent à diminuer les émissions de gaz à effet de serre. Il y a tout à penser que nous aurions fait des choix différents sur la scène mondiale. Notre province s'est effectivement engagée à atteindre les objectifs du protocole de Kyoto, dans la mesure de ses pouvoirs.

En tant que pays, nous aurons donc un siège au sein des instances internationales. Bien que notre influence dans les relations internationales n'équivaudra pas à celle des États-Unis, elle ne sera pas nulle, ce qui est le cas présentement.

Pour se convaincre du potentiel que nous aurons, on n'a qu'à penser aux pays scandinaves sans cesse évoqués lorsque vient le temps de comparer les indices de développement. Ces pays ne sont pas si importants, économiquement ou militairement, sur le plan mondial; pourtant, ils sont très souvent pris comme modèles.

De plus, un Québec nouvellement indépendant attirera pour un temps l'attention mondiale sur ses choix et ses actions. Émergeant d'un pays du G8, nous pourrons bénéficier d'une influence mondiale accrue et nous démarquer quant à nos orientations environnementales.

Oléoducs et gazoducs

Le deuxième pouvoir exclusivement canadien concerne tous les projets impliquant plus d'une province, telle la construction d'un oléoduc traversant plusieurs d'entre elles[7]. Notre gouvernement n'a effectivement pas eu un mot à dire lorsque l'Office national de l'énergie a accordé la permission à Enbridge de procéder à l'inversion de l'oléoduc 9B[8]. Dans le cas de l'oléoduc de TransCanada, qui serait le plus gros en Amérique du Nord, notre gouvernement peut poser certaines conditions à sa construction, mais il ne peut s'y opposer. Ces deux cas illustrent notre impuissance à être maîtres sur notre territoire.

La gestion de l'eau

Le troisième champ de compétence réservé au gouvernement canadien concerne nos eaux, notamment celles du fleuve et du golfe du Saint-Laurent. Ces pouvoirs concernent le transport maritime, les pêches et le statut des espèces protégées. Présentement, plus de 20 ministères et organismes du gouvernement du Canada ont des responsabilités dans la gestion des eaux[9], ce qui fait autant de joueurs extérieurs intervenant dans la gestion du Québec.

Comme exemple d'impact de cette gestion canadienne, considérons les coupes effectuées à l'Institut Maurice-Lamontagne à Rimouski[10], qui entraînent la diminution de la surveillance effectuée dans l'écosystème du fleuve Saint-Laurent ainsi que de certaines mesures nécessaires à la protection des espèces menacées. Si le gouvernement du Canada ne s'en occupe pas correctement, ni notre gouvernement ni aucune autre entité sur la planète n'ont le pouvoir de protéger ce milieu marin.

Le transport

Le quatrième champ de compétence relevant uniquement du gouvernement canadien et ayant des répercussions sur notre environnement touche les normes de transport. On pense au transport aérien, sous la gouverne de Transports Canada, mais aussi aux normes du transport ferroviaire. C'est notamment à la suite d'un relâchement de la surveillance du transport par train[11], visant l'autoréglementation, qu'a eu lieu le déraillement à Lac-Mégantic, qui a coûté la vie à 47 personnes et détruit le centre-ville de cette localité.

Le financement de la recherche

Le cinquième champ concerne la recherche. Le gouvernement canadien oriente la recherche scientifique de nombreux instituts et universités québécois en attribuant financement et bourses selon ses priorités. Il a ainsi choisi d'orienter son financement vers les « recherches qui bénéficieront aux consommateurs et à [ses] partenaires industriels et gouvernementaux[12] ». La Fondation canadienne pour les sciences du climat et de l'atmosphère a ainsi vu son financement réduit, ce qui a mis fin à ce réseau unique de chercheurs[13]. Rappelons que l'argent dépensé par le gouvernement canadien est en partie le nôtre. Indépendants, nous récupérerons les sommes présentement versées à Ottawa et pourrons financer les groupes d'études veillant à la protection de notre territoire.

L'écofiscalité

Ensuite, comme nous ne sommes pas maîtres de tous nos impôts, de nos taxes et des règlements sur notre territoire, nous sommes limités par rapport aux mesures d'écofiscalité* que nous pouvons mettre en œuvre, ce qui constitue un sixième champ où nous sommes entravés. Présentement, toute initiative d'écofiscalité du gouvernement du Canada nécessite une concertation avec les provinces[14]. En tant que pays, nous pourrons déployer une écofiscalité complète, avec tous les pouvoirs fiscaux d'un État, sans attendre que notre partenaire canadien agisse.

Autres contraintes

Finalement, nommons comme pouvoirs exclusifs du gouvernement d'Ottawa les normes d'émission des polluants atmosphériques et la gestion des matières dangereuses telles que les déchets nucléaires. Mentionnons aussi les domaines de l'agriculture et de la santé, aspects indissociables de l'environnement, pour lesquels le gouvernement canadien possède également un pouvoir de contrainte, qu'il exerce notamment en donnant des conditions ou en limitant les fonds alloués au Québec.

Conclusion

Ce texte a exposé une liste des pouvoirs portant sur l'environnement qui nous échappent présentement ; ces pouvoirs sont nombreux et ont des répercussions concrètes sur nos vies. Il a également illustré, à l'aide d'exemples, combien les choix faits par le gouvernement du Canada ne cadrent pas avec ceux que nous aurions probablement faits.

Dans un contexte où l'environnement occupera un rôle politique de plus en plus important, il est grand temps de remettre tous les pouvoirs entre les mains de celles et de ceux qui sont concernés par les décisions. C'est ce que l'indépendance permettra.

Terminons en soulignant que l'accès à l'indépendance, en environnement comme dans beaucoup d'autres domaines, ne garantit pas que nous irons dans «la bonne direction». Les voies démocratiques seront toujours présentes après l'indépendance, et ce sont les élections qui nous permettront d'opter pour une vision plutôt que pour une autre. C'est ce choix qui incarnera l'essence même de notre pays, et non pas l'instauration d'une «dictature verte». Cela dit, cette accession à la liberté demeure nécessaire afin que nous puissions adopter notre propre politique environnementale.

La liberté est une valeur en soi. Il ne faut pas lui mettre de conditions, mais imaginer l'avenir qu'elle nous ouvre.

* L'écofiscalité peut être définie comme une fiscalité écologique visant à réduire les atteintes à l'environnement.

L'économie

Patrice Vachon
économiste

Pour plusieurs, l'économie représente un frein à notre capacité de devenir indépendants. La présente section ne cherchera pas à démontrer que le Québec est un paradis économique et qu'aucune difficulté ne point à l'horizon. Tous les États du monde, même les plus puissants, font face à des défis qui leur sont propres. Si le Québec n'est pas un paradis économique dont l'horizon est exempt de difficultés, il n'est toutefois pas non plus le cancre économique que certains tentent de dépeindre. Nous possédons tout ce qu'il faut pour devenir un État indépendant non seulement viable économiquement mais, surtout, plus prospère (voir graphiques en fin de texte).

Des ressources abondantes

Pour commencer, il faut rappeler que nous possédons des ressources abondantes qui nous permettront de faire aisément la transition entre notre situation actuelle et un Québec indépendant. Notre secteur minier se classe parmi les dix plus importants producteurs mondiaux. Nos principaux minéraux métalliques exploités sont le fer, l'or, le cuivre et le zinc. Nous produisons également du titane, de l'argent, du magnésium et du nickel ainsi que de nombreux autres métaux et minéraux industriels, dont du diamant. Et ce n'est qu'un début : 60 % du potentiel minéral de notre sous-sol reste inexploré[15]. La forêt constitue également un secteur qui peut contribuer à notre développement.

Nous possédons aussi d'importantes réserves d'eau potable. Dans le contexte du réchauffement climatique, cette ressource devrait être de plus en plus déterminante. De plus, l'hydroélectricité nous place dans une position enviable dans ce même contexte, en plus de nous permettre d'attirer des industries énergivores ou d'exporter en cas de hausse des prix de l'électricité. Dans un même ordre d'idées, le fleuve Saint-Laurent constitue une ressource stratégique importante puisque sa voie navigable permet d'atteindre le cœur de l'Amérique du Nord. Indépendants, nous serons à même d'y réguler le trafic et d'imposer les réglementations et les tarifications qui nous semblent les plus appropriées sans avoir à tenir compte des besoins de l'Ontario, par exemple. Présentement, l'essentiel du trafic maritime est dirigé vers les Grands Lacs sans avantage pour nous, et profite surtout à la région torontoise.

Finalement, notre principale richesse est et doit demeurer nos cerveaux. Les scientifiques, les artistes, les sportifs et les innovateurs québécois nous font déjà rayonner à travers le monde. Le fait d'avoir une population trois fois plus bilingue et sept fois plus trilingue que n'importe quelle autre sur le continent constitue également pour nous un atout économique important.

Nos intérêts stratégiques

Pour un État, posséder des richesses – naturelles ou autres – n'est toutefois pas suffisant ; il doit être en mesure de développer des industries et des entreprises concurrentielles. Il doit également défendre ses intérêts stratégiques, c'est-à-dire les avantages concurrentiels qu'il possède par rapport aux autres États dans certaines industries. Comme les autres nations du monde, nous devons donc également défendre ces intérêts stratégiques. Or, ils ne coïncident pas avec ceux d'Ottawa. En restant à l'intérieur du régime canadien, nous confions une part importante de nos leviers économiques à une nation qui a d'autres objectifs à atteindre.

Tout d'abord, les industries obtenant le soutien du Canada et du Québec ne sont pas les mêmes. D'un côté, les pétrolières et l'industrie automobile ; de l'autre, l'énergie renouvelable, l'aéronautique et l'industrie forestière. Lorsque l'industrie automobile en Ontario a connu des difficultés en 2009, le gouvernement canadien a notamment investi 10 milliards de dollars pour aider à maintenir les emplois ; lorsque, à la même époque, des difficultés semblables sont survenues dans notre industrie forestière, c'est essentiellement notre gouvernement qui a dû investir pour relancer le secteur. Du côté du pétrole, c'est 1,4 milliard de dollars qui sont investis chaque année par Ottawa (plus de 60 milliards depuis 1970)[16] ; pendant ce temps, Hydro-Québec a dû être financée presque exclusivement par notre gouvernement et n'a jamais pu bénéficier d'un financement canadien notable.

Les désavantages du pétrole

Les prix du pétrole sont un autre exemple de la divergence entre nos intérêts économiques et ceux du Canada. Des prix du pétrole faibles nous sont bénéfiques, alors qu'ils nuisent à la croissance canadienne. En effet, nous ne possédons pas d'industrie pétrolière ; les avantages pour notre économie sont donc, au mieux, indirects. Les désavantages, eux, sont toutefois extrêmement concrets puisque les prix élevés du pétrole favorisent un dollar canadien fort qui nuit à nos exportations. Cela a eu pour effet de nous faire perdre 55 000 emplois dans le secteur manufacturier[17]. Par ailleurs, des coûts importants sont à prévoir pour l'application de la cible canadienne de réduction des gaz à effet de serre puisque le Québec, largement le meilleur élève en ce qui concerne les gaz à effet de serre au Canada, devra payer pour la pollution albertaine. Pire, Ottawa n'a ménagé aucun effort pour promouvoir le pétrole des sables bitumineux en Europe et lui éviter d'être qualifié d'énergie sale ; à l'opposé, il n'a aucunement défendu notre hydroélectricité lorsqu'en 2010 le Congrès américain a décidé de considérer la production d'hydro-électricité comme n'étant pas une énergie propre, ce qui nuit à nos exportations.

Négocier nos traités commerciaux

Notre impuissance économique en tant que province est également visible dans le domaine du commerce international. L'économie mondialisée est régie par une multitude de traités commerciaux conclus entre États indépendants. Le Canada, au cours des négociations précédant leur signature, n'avait pas nos intérêts en tête, mais plutôt ceux de l'économie canadienne. Le récent accord de libre-échange avec l'Union européenne l'a démontré une fois de plus. Lors des tractations finales, le gouvernement canadien a offert à l'Europe d'importer 17 000 tonnes de fromage en échange de la possibilité pour le Canada d'exporter en Europe 50 000 tonnes de viande de bœuf. Comme les producteurs européens sont davantage subventionnés que les nôtres, cela nuira grandement à notre industrie fromagère, laquelle représente 60 % du total canadien. Évidemment, l'industrie du bœuf, établie surtout en Alberta, est satisfaite de ce dénouement.

Chacun fait ses choix selon ses intérêts. On ne peut blâmer les Canadiennes et les Canadiens de vouloir défendre leurs intérêts économiques ici et à l'international. Pourquoi les Québécoises et les Québécois devraient-ils avoir à justifier leur volonté de défendre les leurs ? Ces intérêts, pourtant, s'avèrent impossibles à défendre pour une simple province.

Dépenser selon nos intérêts

Indépendants, nous pourrons utiliser à meilleur escient les sommes que nous envoyons actuellement à Ottawa. Le gouvernement du Canada dépense chaque année plusieurs milliards dans des domaines qui ne conviennent pas à la majorité d'entre nous. Les exemples sont nombreux : les dépenses militaires intensives, les subventions aux pétrolières, le sénat, le gouverneur général, la monarchie, etc. Au titre des dépenses militaires, le Canada a plus que doublé son financement dans les 14 dernières années (10,1 milliards de dollars en 1998-1999 contre 21,7 milliards en 2013-2014). Le plan de défense du Canada 2008-2028 coûtera 490 milliards de dollars. Par conséquent, Ottawa nous obligera à dépenser près de 113 milliards dans l'armée, alors que nous réduisons les dépenses en santé et en éducation[18]. Ce plan inclut plus de 33 milliards de dollars pour l'achat de nouveaux navires pour la marine royale canadienne au Canada, desquels pas un sou ne sera dépensé chez nous, malgré le fait que le chantier naval de Lévis soit un des plus performants du monde.

À ces exemples de dépenses forcées, il faut ajouter l'achat de plus d'un milliard de dollars de services par année, payés par le Québec à l'Ontario par le biais du gouvernement du Canada. En effet, comme la plus grande partie de la fonction publique canadienne est présente chez nos voisins, ceux-ci profitent largement des sommes que nous payons en impôts. L'indépendance nous permettrait de rapatrier chez nous l'essentiel de cette activité économique.

De plus, plusieurs programmes ou ministères canadiens n'affectent pas assez de dépenses au Québec par rapport à son poids économique ou démographique. Indépendants, nous cesserons par exemple de payer pour la Commission canadienne du blé, dont la plupart des sommes vont à l'Ouest. Nous cesserons également de payer pour le programme nucléaire canadien, dont les dépenses sont principalement faites en Ontario ; le Canada compte 22 réacteurs nucléaires, dont 20 se trouvent dans cette province. Nous en avions pour notre part un seul, à Gentilly, qui sera démantelé pour des raisons économiques. Indépendants, nous cesserons par ailleurs de payer pour Pêches et Océans Canada, dont les dépenses sont effectuées majoritairement en Colombie-Britannique et dans les provinces maritimes.

Un autre exemple frappant est le système de crédits d'impôt canadien qui nous punit pour certains de nos choix sociaux. Ainsi, notre programme de garderies nous fait perdre 149 millions en crédits d'impôt pour la garde d'enfants, puisque les frais de garderie sont moins élevés au Québec. La situation est la même pour les frais de scolarité que nous avons choisi de garder plus bas pour favoriser l'accès aux études. Le système canadien, organisé autour de la réalité des autres provinces, prive les étudiants québécois de 100 millions en crédits d'impôt canadiens inutilisés[19].

Éliminer les dédoublements coûteux

Par ailleurs, il faut tenir compte des économies importantes qui seraient réalisées grâce à l'élimination de dédoublements ministériels. Indépendants, nous n'aurons plus à payer pour deux ministères des Finances, de la Santé, du Revenu, des Ressources naturelles, des Relations internationales, etc. Les fonctionnaires canadiens de ces ministères passent beaucoup de temps à administrer des programmes parallèles, qui pourront être rationalisés, ou à contrôler les sommes transmises au Québec. Un des exemples les plus aberrants de ces dédoublements est celui du ministère de la Santé canadien qui emploie 9 079 fonctionnaires, et qui ne gère qu'un hôpital[20].

Pour ajouter à ces derniers éléments, plusieurs études globales ont été faites autour des effets de l'indépendance sur les finances publiques du Québec. La dernière en date est celle de Stéphane Gobeil[21], dont la démonstration est simple : les économies seraient de l'ordre de 7,5 milliards de dollars et les coûts, de 5,5 milliards*. Indépendants, nous obtiendrions donc une économie globale de 2 milliards de dollars dès la première année. Dans le passé, d'autres études sur la question ont toutes démontré les avantages de l'indépendance. Ainsi, en 1994, Jacques Parizeau avait commandé au secrétariat à la Restructuration une étude sur les dépenses et les recettes qu'amènerait l'indépendance, qui indiquait que nous économiserions près de trois milliards en 1995. En 2005, le « Budget de l'an 1 » de François Legault estimait que nous dégagerions, indépendants, plus de cinq milliards de dollars en surplus.

Avec les économies générées par l'indépendance, notre marge de manœuvre sera plus importante, ce qui nous permettra des choix. Un gouvernement plus interventionniste pourra investir dans nos secteurs stratégiques, par exemple. Un gouvernement plus à droite pourra baisser nos taxes et nos impôts, alors qu'un gouvernement plus à gauche pourra réinvestir en santé et en éducation.

Conclusion

Globalement, nous sortons économiquement perdants de notre appartenance au Canada. Nous avons tout le potentiel nécessaire pour devenir une nation riche, libre et prospère ; la situation de notre simple province, qui possède une économie moderne et diversifiée, se compare déjà avantageusement à celle de nombreux pays souverains. Cependant, pour affronter les défis économiques qui viennent et pour leur apporter des solutions répondant véritablement à nos besoins, il nous faut pouvoir décider de notre avenir économique. Notre asservissement, toutefois, nous laisse sans marge de manœuvre. L'indépendance, ce n'est pas les lendemains qui chantent et le paradis sur terre. Nous serons toujours aux prises avec de nombreux problèmes économiques : gestion des ressources naturelles, gestion des finances publiques, défense de nos intérêts économiques, lutte contre la pauvreté, amélioration des conditions de vie, etc. La différence, c'est que nous posséderons, indépendants, l'ensemble des outils nous permettant de faire face à ces défis à notre guise. Nous aurons, en somme, les moyens de mettre en

action une vision économique qui nous est propre et
d'entreprendre les projets qui nous tiennent à cœur.

* Il est à noter que les programmes de transferts, comme
la péréquation, sont en partie financés par le Québec.
C'est pourquoi cette somme est inférieure au paiement
de péréquation reçu par le Québec.

Le rang du Québec dans le monde

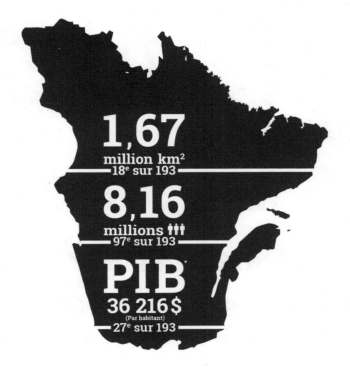

1,67
million km²
18ᵉ sur 193

8,16
millions 👥
97ᵉ sur 193

PIB
36 216 $
(Par habitant)
27ᵉ sur 193

* PIB à parité de pouvoir d'achat par habitant

Le rang du Québec dans l'OCDE

Taux de chômage de longue durée

1,1 %

7ᵉ sur 35

Taux d'emploi

71 %

11ᵉ sur 35

81,8 ans

d'espérance de vie

11ᵉ sur 35

1,1

— Pour 100 000 habitants —

Nombre d'homicides

11ᵉ sur 35

Statistiques de l'OCDE*

*Organisme international qui rassemble
les pays les plus riches et les plus industrialisés

La monnaie
et l'indépendance

Dans un Québec indépendant, différentes possibilités s'offriront à nous quant au choix de notre monnaie : conserver le dollar canadien, adopter le dollar américain ou créer une monnaie québécoise.

Tout d'abord, il n'y a aucun obstacle technique pour nous à conserver le dollar canadien. En effet, le Canada n'a aucun moyen praticable d'empêcher un Québec indépendant d'utiliser sa monnaie. Cela s'explique par le fait que les monnaies sont des biens comme les autres qui s'achètent et se vendent librement sur les marchés internationaux ; si un pays veut continuer à exporter et à importer des biens ici et ailleurs dans le monde, il devra continuer à échanger sa monnaie avec le reste du monde. L'Équateur et le Zimbabwe, par exemple, utilisent le dollar américain, alors que le Kosovo et le Monténégro utilisent l'euro sans que cela ne cause de problème et sans que cela n'ait été explicitement autorisé par les États-Unis ou l'Union européenne. Cette première avenue aurait pour avantage de favoriser une plus grande stabilité à court terme pour le Québec. Il serait aussi envisageable de nous entendre avec le Canada pour gérer la monnaie en commun. Si aucune entente n'est possible, la monnaie canadienne continuera toutefois d'être gérée uniquement en fonction des intérêts canadiens.

Il serait également possible d'utiliser le dollar américain pour les mêmes raisons. Cette deuxième avenue nous donnerait l'avantage d'avoir la même monnaie que notre principal partenaire commercial et nous permettrait d'éviter les chocs monétaires causés par un changement brusque dans la valeur des monnaies. La monnaie américaine, toutefois, serait assurément gérée sans que soient tenus en compte nos intérêts.

Finalement, il serait possible de créer notre propre monnaie. À moyen terme, cette troisième avenue pourrait représenter la meilleure solution. Nous posséderions ainsi une monnaie gérée en fonction de nos intérêts. Sa valeur refléterait l'état de notre économie et ne serait pas soumise aux chocs économiques qui nuisent à un autre État, comme les changements dans le prix du pétrole. Cette option aurait également pour avantage de régler le problème lié au fait d'avoir une monnaie possédant une valeur trop élevée, problème qui nuit aux exportations. C'est ce qui s'est passé récemment, lorsque la monnaie canadienne s'est trouvée dopée par le pétrole, ce qui a eu pour conséquence de mettre en graves difficultés nos entreprises exportatrices, sans que nous puissions profiter en contrepartie des revenus pétroliers, qui vont en grande majorité à l'Alberta.

La péréquation

La péréquation, somme que distribue le Canada pour compenser les inégalités dans les capacités de perception fiscale entre les provinces, est couramment utilisée pour discréditer l'indépendantisme en nous faisant paraître pauvres ou dépendants. Nous recevons actuellement davantage en péréquation que ce que nous versons pour entretenir ce transfert. Par ailleurs, toutes les provinces maritimes ainsi que le Manitoba ont reçu à ce chapitre davantage que nous dans les dernières années[22]; l'Alberta est la seule province qui n'a pas reçu de péréquation au cours des 10 dernières années, et ce, au final, en raison de son importante industrie pétrolière qui, historiquement, a été largement subventionnée par les autres provinces.

Ne considérer que la péréquation pour évaluer notre situation financière dans le Canada offre un portrait tronqué. Il faut davantage considérer l'ensemble de nos contributions au gouvernement canadien et ce que nous en retirons au bout du compte. Lorsque cette analyse a été faite par le passé, la conclusion a toujours été que la péréquation n'était qu'une compensation partielle pour l'ensemble des coûts qu'entraîne notre appartenance au Canada.

Une façon d'illustrer la réalité de la péréquation est cette courte analogie: «Vous vous promenez dans la rue avec

50 dollars en poche pour aller acheter de la musique. En chemin, un vendeur vous arrête. Il vous propose d'acheter 55 dollars de musique avec votre 50 dollars. Intéressé, vous vous approchez pour voir si cette offre alléchante est bien réelle. Il vous tend un contrat et vous y lisez les petits caractères. Ils stipulent que 10 dollars de frais d'administration vous seront exigés. Il est également indiqué que la musique sera au goût du vendeur. »

Les lois
Jocelyn Beaudoin
président du conseil national d'Option nationale
juriste

Fondamentalement, un État se doit d'organiser la vie de ses citoyens, et cela passe par la rédaction de lois. En tant que province, le Québec en rédige déjà dans plusieurs domaines. Cependant, en raison du partage des compétences entre le gouvernement canadien et les provinces, plusieurs sujets et situations ne peuvent pas être juridiquement encadrés par notre gouvernement. Pire, certaines lois canadiennes ont pour nous des conséquences sociales et financières directes et nous ne pouvons rien faire d'autre que de les accepter. De plus, nous nous retrouvons dans un système juridique qui a tendance à favoriser les intérêts du gouvernement canadien au détriment de ceux des provinces. L'indépendance résoudra ces problématiques.

Le droit criminel
Un des domaines dans lesquels nous ne pourrons légiférer que lorsque nous aurons réalisé notre indépendance est

le droit criminel. Il faut d'abord savoir que le taux de criminalité est en baisse depuis des années au Canada et qu'il est démontré que la sévérité de la première peine n'a pas d'effet significatif sur les récidives[23]. Dans ces circonstances, notre modèle, qui préconise la réintégration en société, constitue une réussite. Le gouvernement canadien, qui est actuellement responsable du droit criminel, a imposé plusieurs peines minimales et renforcé plusieurs de celles qui existaient déjà. Cette façon de faire met l'accent sur la répression judiciaire et non sur la réintégration sociale. Par conséquent, le gouvernement du Canada respecte la volonté de la majorité canadienne au détriment des objectifs québécois. L'indépendance nous permettra d'écrire nous-mêmes toutes nos lois et, ainsi, d'établir nos priorités.

Une pression sur notre système carcéral

De plus, la création de nouvelles peines minimales et le renforcement de celles qui existaient déjà auront pour effet d'augmenter le nombre de détenus au sein des prisons de responsabilité québécoise. Selon Québec, ces mesures gonflent les coûts de notre système carcéral de 75 à 100 millions de dollars par année, et d'un demi-milliard supplémentaire pour la construction de nouvelles prisons[24]. Est-ce que le gouvernement canadien remboursera ces nouvelles dépenses que nous devrons assumer ? Non. Bref, Ottawa agit à l'encontre de nos intérêts, en plus de ne pas nous donner les sommes nécessaires pour faire face à l'explosion des coûts, alors qu'au même moment le taux de criminalité est en baisse constante depuis des années. Indépendants, nous pourrons investir ces sommes colossales, entre autres, dans des domaines comme l'éducation, l'environnement, l'électrification des transports et le paiement de la dette.

Un droit civil plus démocratique

L'indépendance est également nécessaire pour protéger notre système juridique de droit civil, différent de la tradition de *common law* utilisée dans le reste du Canada. Ces deux systèmes, plus que différents, sont en fait complètement opposés, notamment parce qu'ils sont issus de prémisses et de conceptions du droit totalement différentes. Par exemple, le droit civil est rédigé avec un raisonnement *a priori*, c'est-à-dire en prévision des futures situations problématiques qui risquent d'advenir. En *common law*, le raisonnement de la rédaction utilise un principe *a posteriori*, ce qui implique qu'une large part du droit est définie une fois que les problématiques sont connues. Cela a pour effet que, en droit civil, le droit est rédigé surtout par le pouvoir démocratique, soit les citoyens, les groupes de pression, les politiciens, etc. Dans un tel système, les juges ne font qu'appliquer le droit. En *common law*, les juges ont une plus grande marge de manœuvre et, par conséquent, un plus grand pouvoir, car le droit s'écrit en plus grande partie en fonction des jugements qu'ils rendent. Or, les juges ne sont pas des élus et, au moment de rendre leurs décisions, ils ne consultent que très peu de citoyens ou de groupes de la société civile. Une décision judiciaire est donc, nécessairement, moins démocratique qu'une décision politique. Or, selon certaines études[25], plus notre droit civil côtoie la *common law* canadienne, plus il tend à intégrer de ses principes. L'indépendance devient alors le seul moyen de véritablement privilégier notre système civiliste et de faire valoir un plus grand respect de la démocratie.

S'affranchir de la Cour suprême du Canada

Enfin, un autre effet de l'indépendance sera de soustraire nos lois aux décisions de la Cour suprême du Canada (CSC). Cette dernière a pour obligation d'appliquer la Charte canadienne des droits et libertés instituée par Pierre Elliott Trudeau, laquelle joue entre autres deux rôles majeurs : restreindre les pouvoirs de l'Assemblée nationale du Québec et remplacer notre statut de peuple fondateur par un statut de minorité canadienne parmi les autres. Grâce à cette Charte et à la Constitution canadienne, les juges de la CSC ont dépecé plusieurs de nos lois fondamentales, notamment la loi 101 (la Charte de la langue française). Sur cette dernière loi, la Cour suprême s'est prononcée au moins cinq fois – 1979, 1981, 1984, 1988 et 2009. À chaque jugement, elle en a invalidé soit certains articles, soit des parties entières. Pourtant, les études effectuées par le gouvernement avant l'adoption de cette loi prouvaient que le français était en péril et que les mesures contenues dans la loi étaient nécessaires. La Cour a d'ailleurs reconnu la validité de ces études.

La Charte canadienne, en somme, a empêché notre gouvernement d'agir pour protéger correctement le français, ce qui marque une transformation de notre statut de

peuple fondateur en simple minorité au sein de la majorité anglophone canadienne. Ces situations où la CSC
décide de ne pas prendre en compte notre intérêt se sont,
dans l'histoire, souvent répétées. Elles ont conduit le
nationaliste Maurice Duplessis et l'indépendantiste René
Lévesque à utiliser la même phrase : «La Cour suprême
du Canada est comme la tour de Pise, elle penche toujours
du même côté : celui du fédéral.» Indépendants, libérés
de l'emprise de la majorité canadienne et de ses intérêts,
nous aurons le pouvoir de mettre sur pied notre propre
Cour suprême. Cette dernière ne jugera en fonction que
de notre réalité et de nos lois.

L'indépendance : pour se gouverner soi-même

En définitive, l'indépendance nous permettra de rédiger
nous-mêmes chacune de nos lois, lesquelles pourront
représenter les valeurs que nous nous sommes données à
travers les époques en tant que peuple autant que celles
que nous développerons à l'avenir. Ces lois pourront être
fidèles à notre système judiciaire de tradition civiliste et
seront jugées par une Cour suprême du Québec qui n'aura
pas à juger de la validité des lois en fonction des intérêts
du Canada. Au final, l'indépendance est une occasion en
or de nous constituer en réelle république et de prendre
en main l'une des plus belles responsabilités qui existent,
celle de se gouverner soi-même.

Le français
Eric Bouchard
directeur général du Mouvement Québec français

Au Québec, la Charte de la langue française de Camille Laurin a contribué au mélange des accents, qu'ils soient maghrébin, vietnamien ou haïtien. Cette diversité francophone unique au monde qui se développe sur notre territoire est un maillon fort de la francophonie mondiale.

Environ 6 000 langues sont parlées dans le monde. Avec ses 250 millions de locuteurs, le français est la cinquième langue pour le nombre, derrière le mandarin, l'anglais, l'espagnol et l'arabe (ou l'hindi, selon les données). Il est aussi la deuxième langue apprise, la troisième pour les affaires et la quatrième utilisée par les internautes. Le nombre de locuteurs de langue française en Afrique étant sur le point d'exploser[26], il pourrait y avoir d'ici 40 ans plus de 700 millions de francophones. Notre langue et notre culture nous amènent la possibilité d'établir dès maintenant des liens économiques privilégiés avec ce qui constitue une des forces mondiales montantes.

Malgré cet avenir enthousiasmant pour nous et en dépit des succès de la Charte de la langue française, notre contexte géopolitique demeure précaire et présente une menace pour ce qui nous distingue, pour ce que nous apportons à l'hétérogénéité du monde. Une langue disparaît chaque semaine, le dernier locuteur de celle-ci venant à mourir. Moins il y a de langues et de cultures, plus l'écosystème mondial de la diversité de pensée s'appauvrit; et une langue, c'est bien plus qu'un outil de communication.

Le français recule

Depuis 1996, on observe chez nous un recul du poids démographique des francophones de langue maternelle, de même qu'une régression du français chez ceux qui l'ont comme langue d'usage, c'est-à-dire la langue utilisée à la maison. La proportion de locuteurs de l'anglais reste en revanche très peu atteinte, même par l'arrivée de 50 000 immigrants par année, car le pouvoir d'attraction de cette langue intègre, en fonction de son poids démographique, beaucoup plus de nouveaux arrivants. Avec neuf francophones pour un anglophone au Québec, 90 % des immigrants devraient procéder à un transfert linguistique vers le français. En réalité, c'est à peine plus de 50 % qui le font[27].

Le tableau de la page suivante[28] présente l'évolution passée de la démolinguistique dans l'ensemble du Québec. Les prévisions démographiques du graphique qui suit, quant à elles, montrent que le poids de la langue française, si rien n'est fait, continuera de baisser d'ici 2056[29].

Langue maternelle du Québec

(Pourcentage de la population totale)

Québec

	1996	2001	2006	2011	
Français	81,5	81,4	79,6	78,9	– 2,6%
Anglais	8,8	8,3	8,2	8,3	– 0,5%
Autres	9,7	10,3	12,3	12,8	+ 3,1%

île de Montréal

	1996	2001	2006	2011	
Français	53,4	53,2	49,8	48,7	– 4,7%
Anglais	18,9	17,7	17,6	17,8	– 1,1%
Autres	27,7	29,1	32,6	33,5	+ 5.8%

Proportion de francophones

(2011 - 2056)

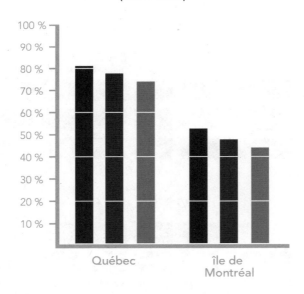

Pareilles observations pourraient laisser entendre que le recul du français est attribuable à l'arrivée massive d'immigrants. Au Canada anglais, pourtant, 99 % du transfert linguistique des nouveaux venus se fait vers l'anglais[30]. Pourquoi donc n'arrivons-nous pas à un tel résultat ici, avec le français ?

Pourquoi le français recule-t-il ?

Le cas du Québec n'est pas unique : 389 États fédérés dans 192 pays légifèrent en matière linguistique. La Charte de la langue française de Camille Laurin est donc loin d'être une exception. Si autant d'États légifèrent en matière de langue, c'est que certaines, plus dominantes, font reculer les autres.

Dans le monde comme au Québec, deux éléments fondamentaux influencent la vitalité des langues en concurrence : la *loi du nombre* et les *institutions publiques*. Puisque seulement 21 % des Canadiens ont le français comme langue d'usage et qu'il y a moins de 2 % de francophones sur le territoire canado-étatsunien, la loi du nombre joue en notre défaveur, d'où l'importance de nos institutions publiques.

Avant la Charte de la langue française de 1977, la langue de travail était déterminée par les détenteurs des moyens de production, c'est-à-dire les patrons anglophones. Avec la Charte, l'État québécois est venu changer la donne ; à partir de ce moment, la langue nécessaire à l'ascension dans les entreprises est devenue, de plus en plus, le français. Nous nous sommes dotés de tout un réseau d'institutions (Hydro-Québec, cégeps, universités, hôpitaux, Caisse de dépôt et placement, etc.) qui prennent le français pour langue de travail et, de 1977 à 1989, l'usage de cette langue au travail a fait un bond spectaculaire.

Les gouvernements qui se sont succédé au Québec dans les années 1960, 1970 et 1980 sont par ailleurs allés chercher certains pouvoirs en immigration[*]. Nous pouvons maintenant choisir 70 % des immigrants qui arrivent sur notre territoire en fonction d'une grille de sélection qui tient compte du français. Nous recevons aussi plus de 340 millions de dollars annuellement de la part du gouvernement du Canada pour l'accueil, l'intégration et la francisation.

Enfin, pour que notre culture francophone puisse concurrencer la culture de masse américaine, notre gouvernement investit depuis plus de 50 ans dans ce domaine par l'intermédiaire du ministère de la Culture. Comme cela se fait dans plusieurs autres États, nous nous sommes servis de nos institutions pour protéger et promouvoir notre langue.

Le Canada : une barrière

N'étant pas indépendants, nous voyons toutefois une bonne partie des pouvoirs nécessaires à l'épanouissement du français nous échapper. Et l'explication est simple. Les juges des tribunaux supérieurs au Canada, nommés par Ottawa, s'appuient sur la Constitution canadienne, qui n'a jamais été ratifiée par notre gouvernement depuis son adoption en 1982. Même si personne ne l'a signée à l'Assemblée nationale du Québec, celle-ci fait tout de même force de loi suprême et incontournable, si bien que les cours de justice canadiennes ont pu intervenir jusqu'ici à 179 reprises pour affaiblir la portée de la Charte de la langue française. Avant l'une de ces interventions, par exemple, le français était la langue des tribunaux et de l'affichage commercial au Québec, au même titre que l'anglais l'est au Canada. Dans les années 1980, pour un nouvel arrivant, le visage commercial de Montréal était exclusivement français, ce qui envoyait tout un message. Notre appartenance au Canada, évidemment, a rendu cela impossible ; notre subordination à sa Constitution se présente donc comme une entrave nette à la préservation et à l'épanouissement de notre langue.

Par ailleurs, le fait que la justice doive s'exercer en français aurait été un incitatif extraordinaire à la francisation. Pour gagner un litige, les rudiments du droit *et* de la langue s'avèrent essentiels. Deux ans après l'adoption de la loi 101 en 1977, la Cour suprême du Canada invalidait cependant les articles de cette loi concernant l'unilinguisme en justice, alors que l'unilinguisme anglais prime par ailleurs depuis toujours dans les tribunaux des provinces anglophones.

Finalement, comme c'est le Canada qui octroie la citoyenneté aux immigrants québécois et qu'il est sur papier un pays bilingue, le message envoyé à ceux-ci est qu'ils ont le choix, pour obtenir leur citoyenneté, d'apprendre le français ou l'anglais. Lorsque nous aurons tous les pouvoirs en matière d'immigration, il nous sera possible d'octroyer la citoyenneté en fonction de la connaissance du français. Cela n'empêchera aucunement, dans le privé, l'usage de la langue de son choix. Sans incitatifs clairs, il est toutefois compréhensible que plusieurs choisissent l'anglais.

L'indépendance :
pour que le monde entier s'ouvre au Québec

Le Québec se distingue du Canada par sa langue et sa culture. Grâce à la Charte de la langue française, nous assistons depuis plus de 35 ans à un métissage et au jaillissement d'une diversité d'accents québécois. Pour accéder à un épanouissement total et participer à la diversité mondiale, nous avons besoin de tous les pouvoirs nécessaires en matière linguistique. Pour permettre au monde de s'ouvrir à ce que nous avons de plus beau à offrir à l'humanité, il n'y a qu'un chemin : la liberté.

* L'entente Cullen-Couture, conclue en 1978, plaçait les bases de l'Accord Canada-Québec relatif à l'immigration et à l'admission temporaire des aubains de 1991. C'est en fonction de cette entente que nous recevons annuellement plus de 300 millions de dollars du gouvernement canadien pour la francisation et l'intégration des immigrants.

L'éducation

Alexandre Boutet Dorval
conseiller en relations publiques

Les gouvernements successifs de Jean Charest, de Pauline Marois et de Philippe Couillard n'ont pas été tendres avec notre système d'éducation postsecondaire. On se souviendra longtemps de la crise sociale du printemps 2012 qui opposait le gouvernement Charest à un important mouvement de contestation fédéré autour du carré rouge, mouvement démarré par d'importantes grèves étudiantes en opposition à un projet de hausse significative des droits de scolarité. Cette crise faisait suite à celle du printemps 2005, où d'importantes manifestations avaient forcé le premier gouvernement Charest à abandonner son projet de saquer 103 millions de dollars dans le programme d'aide financière aux études.

Les manifestations et les moyens de pression déployés durant ces périodes visaient exclusivement le gouvernement du Québec. Cela semble aller de soi, l'éducation étant une compétence provinciale. C'est pourquoi les manifestants réclamaient la démission de Jean Charest et de quelques-uns de ses ministres. Durant les événements du printemps 2012, le gouvernement de Stephen Harper est resté inhabituellement discret. On pourrait penser que le gouvernement canadien n'avait rien à voir avec cette crise. Pourtant, il en est le principal responsable. Pendant que, dans la rue et dans les médias, les carrés rouges et verts se ruaient à la gorge les uns des autres et que la population se polarisait en deux camps, personne n'a remarqué que c'est Ottawa qui nous étouffait avec notre oreiller.

Une partie des impôts que nous versons au gouvernement canadien nous revient sous la forme de transferts en éducation versés directement aux établissements d'enseignement. En choisissant comment sont répartis ces transferts, Ottawa est à l'origine du malfinancement de notre système d'éducation supérieure.

Le rôle d'Ottawa dans le financement

Chaque année, le gouvernement canadien verse des sommes aux établissements d'enseignement canadiens. L'éducation est une compétence provinciale. Or, Ottawa finance de plus en plus l'éducation de ses provinces, et ce financement aurait atteint ici 887 millions de dollars en 2012, soit 13 % de notre financement universitaire[31].

Cela peut sembler une bonne nouvelle. Ce n'est malheureusement pas le cas.

L'augmentation des transferts
aux fonds « avec restriction »

Les finances des universités sont divisées en divers fonds. Sans entrer dans les détails, on retiendra que l'enseignement est essentiellement financé à même le fonds des opérations, alors que d'autres fonds – comme celui des immobilisations, qui couvre la gestion des édifices et des locaux – servent plutôt à financer d'autres aspects de la gestion universitaire. La recherche, elle, est financée en grande partie à partir de fonds « avec restriction », c'est-à-dire de sommes qui ne peuvent être dépensées que pour le projet auquel elles ont été allouées.

Depuis 1980, la proportion du financement canadien destinée à la recherche sous forme de subventions est passée de 85 % à 92 %[32] ; la proportion destinée au budget de fonctionnement des universités, elle, est passée de 13 % à 1 % au cours de la même période. Concrètement, Ottawa utilise son pouvoir fiscal pour s'ingérer dans une compétence québécoise et y dicter ses priorités. Ici, il s'agit d'appauvrir l'enseignement pour dynamiser la recherche.

Les universités, ici comme ailleurs au Canada, se retrouvent donc progressivement avec un manque à gagner quant au financement de leur mission d'enseignement. Le retrait du financement canadien aux fonds de fonctionnement des universités a forcé la main aux provinces canadiennes, les obligeant à chercher l'argent dans la poche des étudiants.

À plusieurs moments dans l'histoire politique, le gouvernement canadien a pris la décision de couper les vivres aux universités. Ailleurs au Canada, ces coupes ont été compensées par une hausse constante des frais de scolarité. Les transformations dans le monde de l'éducation supérieure suivent un parcours similaire partout au Canada : Ottawa mène le bal et les provinces n'ont pas le choix de se mettre au pas[33]. Il nous est impossible, en tant que simple province, de gérer notre système d'éducation supérieure en fonction de nos priorités et de nos valeurs, alors qu'une part significative de notre financement est attribuée par le gouvernement canadien.

Le financement provincial à la recherche

Dans un contexte où le financement canadien augmente, mais se trouve déplacé vers la recherche au détriment de l'enseignement, on pourrait s'attendre à ce que notre gouvernement prenne le relais et finance l'enseignement, quitte à diminuer ses investissements en recherche. Mais ce serait une erreur.

Le gouvernement du Québec ne peut pas se permettre de diminuer ses investissements en recherche. Cela donnerait au gouvernement canadien un quasi monopole du financement public de la recherche. Cela lui laisserait le loisir de déterminer les priorités de notre recherche universitaire. Investir dans la recherche, c'est se payer le privilège de décider des priorités de cette même recherche, notamment en choisissant les sommes attribuées aux différents secteurs et les conditions mêmes d'obtention du financement. Notre gouvernement ne peut pas laisser le gouvernement canadien s'approprier ce privilège, au risque de n'avoir plus aucun contrôle sur ses leviers économiques que sont la science et la culture. Il n'a donc pas le choix de suivre la danse, au risque de perdre son influence dans son propre champ de compétence.

Mais ce n'est pas tout. Toute recherche universitaire engendre des coûts indirects qui ne sont pas couverts par les sommes octroyées «avec restriction». Si notre gouvernement s'est engagé à financer entièrement les coûts indirects des recherches qu'il subventionne, on ne peut pas en dire autant d'Ottawa, qui n'en couvre qu'une partie au moyen de son Programme des coûts indirects. On estime que, pour la seule année 2007-2008, le manque à gagner à ce titre était de 90 millions de dollars[34]. Cette dépense doit donc être assumée par les universités qui n'ont pas le choix de piger dans leur fonds de fonctionnement, au détriment, bien sûr, de l'enseignement.

Un malfinancement idéologique orchestré

Le «sous-financement» de l'éducation postsecondaire n'est pas le fruit d'un mauvais contrôle des dépenses ou d'une gestion malhabile. Nos institutions d'enseignement supérieur étouffent parce que le gouvernement du Canada retire d'une main ses investissements dans l'enseignement et, de l'autre, finance massivement la recherche, tout en sachant que les coûts indirects de cette recherche asphyxieront l'enseignement. Ottawa s'ingère dans un champ de compétence qui n'est pas le sien et investit l'argent de nos impôts dans des domaines de recherche correspondant à ses intérêts en étouffant le budget consacré à l'enseignement.

Cette attitude du gouvernement canadien n'est pas accidentelle. Celui-ci adopte depuis plusieurs décennies le dogme de l'« économie du savoir ». Concrètement, il s'agit d'utiliser les fonds publics pour financer des secteurs d'activité qui profiteront à l'entreprise privée. Si le financement à la recherche augmente bel et bien, il est surtout consacré aux secteurs d'activité spécialement sélectionnés par Ottawa et prévus dans sa stratégie d'innovation. Non seulement le Québec adopte malgré lui un parcours de commercialisation de la recherche universitaire, mais en plus cette recherche est orientée non pas en fonction de nos intérêts économiques, mais bien en fonction de ceux du Canada.

Le gouvernement de Jean Charest s'est rendu coupable de plusieurs fiascos et a avancé plusieurs idées désastreuses. Parmi celles-ci, on oublie souvent que, si son gouvernement a voulu hausser radicalement les frais de scolarité, c'est surtout pour se conformer aux politiques du gouvernement canadien en le laissant s'ingérer en éducation. Le Parti libéral (du Québec) a accepté le saccage de nos établissements d'enseignement et a voulu en renvoyer la facture aux étudiantes et aux étudiants. Jamais le gouvernement Charest n'a protesté contre la reconfiguration du financement canadien en éducation ; il a plutôt cherché à combler, à même les frais de scolarité, le manque à gagner laissé par Ottawa. Pendant les mois de crise qui ont suivi, on a rarement montré du doigt le gouvernement canadien, qui réattribue pourtant le financement universitaire comme bon lui semble.

L'éducation est la clé de voûte d'une société moderne et prospère. Ce n'est que lorsque nous serons indépendants que nous pourrons prendre nous-mêmes ces décisions si déterminantes pour notre avenir. Le savoir est notre ressource la plus renouvelable et c'est par celui-ci que nous resterons un peuple fort et fier.

L'histoire
Patrick R. Bourgeois
historien

Évidemment, on ne réalise pas l'indépendance d'un peuple afin de venger un passé douloureux. L'histoire a été souvent utilisée à des fins politiques plus ou moins responsables ; la liste des conflits du 20e siècle nous en donne quelques bons exemples.

Cela ne signifie pas que le passé doit être poussé sous le tapis, qu'il ne doit pas être pris en compte afin d'élaborer des stratégies destinées à rompre les liens asservissant des peuples aux autres, afin de réaliser légitimement l'indépendance d'une nation. Il doit servir à l'établissement de grandes tendances historiques permettant de mieux comprendre le présent, et de mieux prévoir l'avenir.

L'histoire démontre que les liens qui nous unissent à nos voisins à l'intérieur d'un même système politique n'ont jamais été des plus heureux. Elle démontre aussi qu'Anglais et Français ont été souvent en guerre ouverte les uns contre les autres. Ainsi, il aurait été surprenant qu'il en aille autrement dans le Canada fondé en 1867, surtout lorsqu'on considère le fait que les Canadiennes françaises et les Canadiens français ont été forcés de s'y soumettre, qu'ils y ont été intégrés sans la possibilité de refuser l'appartenance canadienne. Ce n'est jamais le prélude à des relations harmonieuses.

Mille ans de conflits

Les tensions entre ces deux grandes nations naissent d'une longue rivalité au sein de leur parentèle européenne respective, rivalité qui remonte à aussi loin que l'an 1066, lorsque les troupes de Guillaume de Normandie envahirent l'Angleterre. Plusieurs siècles d'affrontements plus tard, avec la période des grandes découvertes (15e-17e siècles), Angleterre et France s'opposeront pour le contrôle des terres nouvellement découvertes. L'Amérique sera un terrain d'opération important.

Rivaux en Amérique

Dès 1629, l'Angleterre tente de réduire la Nouvelle-France récemment fondée. Les frères Kirke établissent le siège devant Québec, alors une bourgade dirigée par Samuel de Champlain. Ce que les frères Kirke savent, c'est que les Français meurent de faim dans cette Nouvelle-France naissante. Ils attendent donc que Champlain se rende, ce qu'il fera le 19 juillet 1629; ses hommes et lui seront retournés en France. Il reviendra en 1632, après que la France eut récupéré ses terres américaines grâce au traité de Saint-Germain-en-Laye. À Québec, Champlain retrouvera un champ de ruines. La Nouvelle-France est à recommencer à zéro.

Le répit sera de courte durée. Le 7 mai 1689, le roi anglais Guillaume III se joint à la Ligue des Augsbourg et déclare la guerre à la France. En Amérique, les Anglais du Sud instrumentalisent les Iroquois contre la Nouvelle-France. Dans la nuit du 4 au 5 août, 1 500 guerriers iroquois traversent le Saint-Laurent et attaquent la bourgade de Lachine. Les hommes sont tués, les femmes enceintes éventrées, les enfants dévorés. L'horreur de Frontenac, nouveau gouverneur de la Nouvelle-France, est totale. Il planifie des attaques de représailles contre des villages de Nouvelle-Angleterre. En termes de violence, les tueries perpétrées par les Franco-Canadiens sont comparables à celle de Lachine.

Pour régler définitivement le problème, la Nouvelle-Angleterre entreprend une opération d'envergure. L'amiral Phips embarque au port de Boston à destination de Québec. Il dirige une flotte de 34 navires que manient 2 000 hommes. Devant Québec, Phips réclame la reddition de Frontenac. Ce dernier lui confie que sa seule réponse lui parviendra par la bouche de ses canons. Phips tente donc de prendre Québec, mais il est facilement repoussé par les soldats canadiens. Craignant d'être pris dans les glaces, il lève le siège et repart à destination de Boston. Le Saint-Laurent réglera toutefois son sort. Sa flotte sera brisée par une énorme tempête, ses hommes avalés par les eaux émeraude. La paix de Ryswick accordera quelques années de répit à la Nouvelle-France.

En 1702 éclate la guerre de Succession d'Espagne. Afin de miner la puissance de la France, l'Angleterre signe une alliance avec les principautés allemandes, les Pays-Bas et le Danemark, contre la France, ce qui donne le feu vert à la Nouvelle-Angleterre pour attaquer à nouveau sa voisine. Le gouverneur Vaudreuil mobilise ses troupes et s'attend à une attaque imminente. Cependant, le Saint-Laurent viendra encore une fois à la rescousse de la Nouvelle-France : les 14 vaisseaux de guerre de l'amiral Walker se briseront sur les récifs de la Côte-Nord lors d'une tempête, mille hommes périront noyés dans les eaux glaciales du Saint-Laurent. La paix d'Utrecht de 1713 accordera quelques années de répit de plus à la Nouvelle-France.

En 1744, une nouvelle guerre éclate entre l'Angleterre et la France : la guerre de Succession d'Autriche. Les Français s'attaquent aux postes anglais de l'ancienne Acadie, territoire en partie perdu en 1713. Les Bostonnais, eux, bombardent Louisbourg durant 47 jours. Les Français capitulent, mais ils récupéreront la forteresse à l'issue du conflit, lors de la signature du traité d'Aix-la-Chapelle.

La fin de la Nouvelle-France
La guerre de Sept Ans, déclenchée dès 1754 en Europe, devait malheureusement donner le coup de grâce à la Nouvelle-France.

Il s'agit d'un conflit mondial, et l'Amérique subit les contre-coups des décisions guerrières des grandes puissances européennes. Sur ce nouveau continent, les hostilités ont été déclenchées dans les environs du fort français de Duquesne. Le lieutenant-colonel George Washington l'attaque. Il remportera une première victoire, mais les miliciens canadiens arriveront en renfort et repousseront les Anglais. Le fort anglais Necessity, tout près, sera détruit. Le peuple acadien, qui refuse de prêter serment d'allégeance à la couronne anglaise, devient pour sa part la cible des Anglais. En 1755, afin de punir celui-ci de son affront à la couronne d'Angleterre, les Anglais décident de le déporter. Ce sera l'un des premiers actes de nettoyage ethnique de l'histoire relativement récente. Pour faire face aux événements, la France dépêche en Amérique l'un de ses meilleurs généraux : le marquis de Montcalm. Celui-ci déclenche rapidement les hostilités et remporte de nombreuses batailles importantes, dont celles du Fort William Henry et de Carillon. Ces victoires signées par les Franco-Canadiens sont éclatantes et impressionnantes du fait qu'ils se battent toujours en forte infériorité numérique.

La bataille des Plaines

Mais la triste réalité devait tôt ou tard rattraper les troupes de Montcalm. Affrontant une armée anglaise aux renforts quasi inépuisables en comparaison des siens, Montcalm finit par être vaincu sur les plaines d'Abraham par son vis-à-vis, James Wolfe, qui ne ménage aucune manœuvre afin de réduire la Nouvelle-France. Pillages, massacres et viols sont commis afin de vaincre cette Nouvelle-France qui ne veut pas mourir. Le traité de Paris sera signé en 1763. La Nouvelle-France ne sera plus jamais. Les Canadiennes et les Canadiens passent aux mains d'un régime étranger et hostile, d'une Angleterre qui fera tout pour les assimiler.

Le régime anglais

Une première occasion lui est offerte lors de l'indépendance des États-Unis. L'Angleterre ouvre grandes ses portes du Nord pour que les loyalistes s'y installent et noient numériquement le peuple canadien. L'Acte constitutionnel de 1791 permettra à ceux-là de vivre en contrôlant le Haut-Canada nouvellement formé. Mais dans quelle langue fonctionneront ses parlements, celui du Haut comme celui du Bas-Canada ? Et les tensions linguistiques de faire ainsi leur apparition officielle.

La résistance

La résistance canadienne ne tarde pas à s'engager. Dès la fin des années 1700, des Canadiennes et des Canadiens rêvent de liberté, de créer une république française en Amérique. Sans grand succès, cependant. Il faut plutôt attendre le mouvement patriote pour que l'idée prenne du galon et alimente les rêves d'un grand nombre. Inspiré par les mouvements anticoloniaux d'Europe et d'Amérique, le Parti canadien de Louis-Joseph Papineau réclame plus de justice, de liberté et de démocratie. Ses 92 résolutions, qui visent à réformer le système politique, sont balayées du revers de la main par le Parlement anglais. La réaction est vive dans la colonie. La grogne populaire se fait sentir. Pour écraser toute velléité de révolte, les autorités anglaises commandent au colonel Gore de marcher sur le village de Saint-Denis. Stupeur dans les rangs anglais : les patriotes, une armée de civils et de paysans, le vaincront. Ce sera là l'unique victoire patriote des événements de 1837-1838. Les défaites qui s'enchaîneront par la suite seront suivies d'une répression violente et injuste. Les femmes sont jetées à la rue. Leurs filles, violées. Les arrestations se multiplient. En prison, les patriotes sont traités de la manière la plus abjecte. Cinquante-huit d'entre eux seront condamnés à l'exil ; douze seront pendus sur la place publique.

Acte d'Union et assimilation

Lord Durham sera appelé en renfort. On lui demande de trancher le nœud gordien, et sa conclusion est sans appel : les autorités doivent tout faire pour assimiler les Canadiennes et les Canadiens, la première étape pour ce faire étant d'unir le Haut et le Bas-Canada. C'est ce que concrétisera l'Acte d'Union de 1840, par l'entremise duquel le Canada français paiera la dette de l'Ontario en devenir et par lequel la langue française sera bannie.

La période qui s'ensuit est très noire pour les Canadiennes et les Canadiens. Réfugiées sous la protection mitigée de l'Église catholique, les communautés francophones vivent dans l'isolement. Le Canada-Uni démontre tout son dysfonctionnement. De 1854 à 1864, neuf gouvernements se succéderont. Les députés ne s'entendent pas sur un programme permettant de rallier une majorité d'entre eux. Il leur faut trouver un autre système politique, un système qui ne respectera plus l'égalité entre les représentants francophones et anglophones. Les disciples de George Brown réclament le «rep by pop», la représentation selon le poids démographique réel. Cela se comprend aisément : la population anglo-protestante, grâce à l'immigration, est désormais majoritaire sur le territoire, ce qui fait craindre aux nationalistes canadiennes et canadiens qu'elle ne les domine et ne leur impose ses façons de faire.

La Confédération imposée

Aux Canadiennes et aux Canadiens, la Confédération de 1867 sera imposée sans qu'ils ne soient consultés. Ils deviennent de ce fait les titulaires d'une simple province principalement responsable des services sociaux comme l'éducation ou la santé. Un tel statut ne plaît pas à tous. Antoine-Aimé Dorion, chef libéral, se risque même à affirmer que chaque peuple devrait disposer de son destin et qu'il devrait être consulté lorsque des décisions sont prises à ce sujet ; une façon comme une autre de prétendre que si le peuple canadien avait eu le choix, s'il avait pu se prononcer au sujet du Canada de 1867, il l'aurait rejeté.

Le Canada sera à l'image des relations entretenues jusque-là entre francophones et anglophones. L'orangiste* John A. Macdonald sera le premier homme de l'histoire canadienne à occuper le poste de premier ministre. Il s'assure que l'Ouest soit exclusivement colonisé par des citoyens anglo-protestants. Lorsque les Métis du Manitoba se mettent en travers de sa route, il décide de faire pendre Louis Riel, «même si tous les chiens du Québec devaient aboyer»**. Les Canadiennes françaises et les Canadiens français, dans leur ensemble, se caractérisent par une infériorité économique déplorable et sont la proie d'un vaste système d'exploitation qui les transforme en citoyens de seconde zone et pille leurs ressources naturelles. Plusieurs croiront se libérer en émigrant aux États-Unis, mais ne seront là-bas rien de plus que les faire-valoir de l'industrie textile.

Des hommes se dresseront, comme le premier ministre du Québec Honoré Mercier, qui plaide en faveur de l'autonomie provinciale contre les velléités centralisatrices du Parlement canadien. Sans grands résultats.

Non aux guerres de l'Empire

Les guerres auxquelles participe l'Angleterre – le Canada, statut colonial oblige, est forcé de l'appuyer – démontrent de façon éclatante la ténacité des deux solitudes. En 1897, lors de la Guerre des Boers en Afrique du Sud, anglophones et francophones ne partagent pas du tout la même vision des choses. Alors que les premiers appuient les Britanniques, les seconds jugent pour leur part que les Boers, ces descendants de Hollandais, ont raison de lutter contre les Anglais ; ils sont contre la participation du Canada à cette guerre impérialiste et seront aussi contre l'idée que le Canada se paie une marine pour soutenir l'Angleterre dans ses conflits répétés. Lors de la Première et de la Seconde Guerre mondiale, la province de Québec sera archicontre l'idée de conscription. Des soldats de Toronto seront envoyés en renfort à Québec en 1918, où ils ouvriront le feu sur la foule anticonscriptionniste, tuant quatre personnes. En 1942, le Canada organisera un plébiscite pour se délier d'une promesse faite au Québec selon laquelle la conscription ne serait pas de nouveau imposée. Les anglophones votent pour la recommandation. La conscription sera concrétisée en 1944. Le gouvernement canadien profitera aussi du contexte pour récupérer des pouvoirs des mains de l'État québécois.

Grande Noirceur et Révolution tranquille

La période qui s'ouvre, dite de Grande Noirceur, ne sera pas plus facile. À la dérision, on dit que le premier ministre Duplessis laisse le fer québécois aux compagnies étrangères au prix d'une *cenne* la tonne. Plus que jamais, les travailleurs québécois sont bafoués, exploités. On se rendra bientôt compte que les francophones du Québec forment un des groupes les plus pauvres ; ils sont décrits comme des porteurs d'eau, des citoyens de seconde zone, et ce, au cœur même du territoire qu'ils ont défriché et développé. Cela catalysera la Révolution tranquille des années 1960. Le Québec est alors en ébullition. Des mesures sont prises pour outiller sérieusement l'État québécois afin qu'il combatte la pauvreté des francophones. Dans un tel contexte, les manifestations se font nombreuses. Les Québécoises et les Québécois rêvent d'une autre vie… et plusieurs, d'un pays. La répression des velléités d'indépendance ne se fera pas attendre. Si la majorité croit en la voie démocratique pour sortir le Québec des griffes du Canada, d'autres, inspirés par les révolutionnaires cubains ou algériens, mettent sur pied le FLQ. Cela débouche sur la crise d'Octobre de 1970, alors que le Canada impose la Loi sur les mesures de guerre. Des centaines de Québécoises et de Québécois n'ayant rien à voir avec le FLQ seront emprisonnés. Le traumatisme sera notable. Et durable.

L'élan souverainiste du 20ᵉ siècle

Le Parti Québécois prendra le relais. En raison du renouvellement des tensions linguistiques et de la soif de grands changements du peuple, il remporte les élections de 1976 et s'engage dans une démarche référendaire. Les souverainistes seront battus le 20 mai 1980. Le Canada de Trudeau rapatrie alors la Constitution canadienne sans notre accord. L'idée du droit de veto pour le Québec s'envolera. La Charte des droits et libertés, adoptée simultanément au rapatriement, enfreindra certaines dispositions de la nouvelle loi 101, adoptée par le PQ en 1977 pour protéger notre langue. Et le multiculturalisme s'imposera en lieu et place de l'idée des deux peuples fondateurs[***]. Bref, la brisure est totale.

L'impasse du régime canadien

Certains Canadiens s'aperçoivent que le tort ainsi créé est considérable. C'est ainsi que le chef conservateur Brian Mulroney se fait élire avec le projet de rapatrier le Québec dans la famille canadienne, et ce, «dans l'honneur et l'enthousiasme». Il remporte les élections de 1984, mais son projet de réconciliation sera battu sur les berges du lac Meech, le Canada ne pouvant accepter les cinq conditions minimales exigées par le Québec pour signer la constitution. La conclusion sera la même lors de la deuxième manche dite de Charlottetown. Ce contexte débouchera sur le deuxième référendum sur l'indépendance du Québec, en 1995, dont le résultat sera très serré et pendant lequel les histoires de fraude du gouvernement canadien seront légion. Cela laissera un goût amer dans la bouche de plusieurs, ce qui n'empêchera pas le mouvement indépendantiste de s'enliser pour plusieurs années.

Conclusion

Les tensions entre Français et Anglais, entre Canadiens et Québécois, remontent à très loin. Nous ne devons pas faire l'indépendance, bien sûr, pour réparer ce passé empreint de tensions. Nous devons toutefois prendre acte de cette histoire sulfureuse et nous appuyer sur le caractère résistant de notre peuple, qui a su survivre aux pires crises au fil de son histoire, pour mieux envisager notre avenir en terre d'Amérique.

Cet avenir ne peut se caractériser par la continuité des tensions du passé. Nous devons regarder en avant, envisager notre futur d'un œil positif, en prenant enfin toutes nos responsabilités, ainsi que notre place dans le monde. Qui peut, après tout, s'opposer à l'idée d'un jour voler de ses propres ailes ?

* L'orangisme a été fondé en 1795 à Loughall, en Irlande du Nord. C'est un mouvement protestant qui s'attaque aux droits des catholiques. Existant toujours aujourd'hui, il s'est historiquement opposé aux projets d'indépendance de l'Irlande. En Amérique, les orangistes sont aussi présents, et s'attaquent également aux droits des catholiques. Au Canada, ce conflit a été par ailleurs linguistique puisque les catholiques y parlent très majoritairement le français.

** Les «chiens» étaient très nombreux. On dit que 50 000 personnes se réunissent au Champ-de-Mars, à Montréal, afin de dénoncer le sort réservé à Louis Riel. À l'époque, la population du Québec était bien moindre (six fois moindre, environ), ce qui donne une bonne idée de l'ampleur du rassemblement.

*** Idée qu'on a tenté d'imposer afin de faire oublier que les Canadiens (les Québécois en devenir) ont été forcés d'intégrer le Canada. La propagande officielle dira que Français et Anglais ont fondé de bon cœur le Canada. Si la fondation a été faite dans l'harmonie, il faut bien sûr en conclure que les chicanes ne sont pas de mise dans ce grand pays permettant à deux peuples fondateurs de cohabiter.

Les autochtones

Josianne Grenier
sociologue

Les Abénakis, les Algonquins, les Attikameks, les Cris, les Hurons-Wendat, les Innus, les Inuits, les Malécites, les Micmacs, les Mohawks et les Naskapis sont autant de peuples distincts avec leurs propres mode de vie, vision du monde, religion, langue, identité et traditions. Historiquement, la Loi sur les Indiens (ou sur les Sauvages, à l'époque), qui relève du Parlement du Canada, a eu pour but l'assimilation de ces peuples autochtones. À ceux-ci, il fallait alors soit renoncer au statut d'Indien et s'intégrer, soit s'isoler dans des réserves où l'indépendance était réduite et les activités traditionnelles, limitées, mais où étaient offerts la protection et l'entretien par les autorités canadiennes. L'indépendance du Québec représentera une occasion inédite de remplacer cette loi par un cadre légal et coopératif qui correspondra mieux aux réalités et aux aspirations des autochtones aujourd'hui.

Notre gouvernement, quant à lui, ne s'attarde aux relations avec les autochtones que depuis les années 1960, principalement afin de signer des ententes relatives à l'exploitation des ressources naturelles. Malheureusement, il a jusqu'à maintenant calqué le comportement traditionnel du gouvernement canadien, notamment avec le règlement à la pièce des différends, alors que même son statut de province lui aurait permis de faire beaucoup mieux. Fonder ensemble un pays nous fournira l'occasion d'adopter des politiques ambitieuses et de sortir d'une relation paternaliste historique.

Si les injustices commises à cause des politiques des deux paliers de gouvernement sont impossibles à réparer, certains engagements, qui aideraient les peuples autochtones à pallier eux-mêmes les conséquences de ces injustices, valent la peine d'être considérés. Parmi ceux-ci, on trouve notamment l'assistance technique et économique suffisante au succès de projets, l'incitation des compagnies à s'installer à proximité ou à l'intérieur des communautés et à employer des autochtones ainsi que le dédommagement pour la perte des terres. De telles politiques seraient aisément financées par un Québec indépendant, qui dégagerait plus de 500 millions de dollars en cessant de financer 19,5 % du budget du très bureaucrate ministère des Affaires autochtones du Canada, alors que seulement 9,2 % de la population autochtone canadienne partage son territoire.

L'émancipation réelle des peuples autochtones passe par l'indépendance du Québec, qui seule nous permettra de prendre nos distances du modèle canadien, alors qu'autochtones et non-autochtones pourront cofonder un pays, rédiger ensemble la constitution d'un Québec indépendant et sonner la fin des relations troubles.

Le territoire

La question du partage du territoire sera sans aucun doute le dossier le plus complexe et elle fera probablement l'objet de longues négociations. Notre gouvernement devra par exemple négocier avec Ottawa pour que les autochtones ainsi que les produits des activités traditionnelles (chasse, pêche, trappe) puissent traverser assez librement les frontières pour pouvoir continuer de profiter de l'entièreté du territoire ancestral, puisque seulement 2 des 11 nations ont un territoire contenu à l'intérieur de nos frontières actuelles. De plus, différentes formes de gestion coopérative du territoire entre autochtones et non-autochtones devront être envisagées. Un dialogue de peuple à peuple doit d'ailleurs débuter dès maintenant entre notre gouvernement et les nations autochtones pour régler dès que possible les querelles territoriales.

La gouvernance

S'il importe d'établir des règles de coexistence entre les sociétés concernées, l'organisation particulière des nations autochtones ne concerne pas le gouvernement du Québec et ne devrait jamais faire l'objet d'une politique. L'indépendance constituera néanmoins une occasion de respecter le principe d'autodétermination, selon lequel les peuples autochtones auront le droit de disposer d'eux-mêmes, indépendamment des droits ancestraux ou des jugements des tribunaux. Il appartiendra donc aux acteurs concernés – et aux organes qui les regroupent – d'orienter et de régler le pouvoir dans chaque nation selon une forme qui devra satisfaire une condition minimale : l'institution de gouvernements autochtones émanant des communautés et traduisant leur spécificité.

La culture

Laisser les autochtones décider des institutions les régissant sera un premier pas vers la préservation de leur culture, puisque la meilleure façon de la préserver est de l'institutionnaliser. Les non-autochtones se devront par ailleurs de faire place aux cultures autochtones dans leurs institutions. Il sera souhaitable, par exemple, d'intégrer la relation privilégiée des autochtones avec le territoire dans nos politiques environnementales. Il sera également possible de mieux reconnaître ce que les nations ont en commun (surtout l'histoire !) et l'apport fondamental des autochtones (les produits de l'érable, par exemple) à la culture non autochtone. Enseigner les langues ou d'autres éléments de la culture, traditionnelle et contemporaine, à tous les niveaux scolaires, s'inscrirait dans la suite logique de cette reconnaissance.

Déjà, si l'on planifie une politique ambitieuse et courageuse de relations avec les autochtones qui réduira le fossé entre eux et les non-autochtones ainsi que le temps passé devant les tribunaux, chacun aura le loisir de s'attarder plus longuement à la pratique et à la propagation de la culture.

L'alliance

Les peuples autochtones mènent un combat à l'image de celui du peuple québécois ; autochtones et non-autochtones tentent de promouvoir leur identité distincte, leur développement socio-économique et leur autonomie. L'histoire et la culture du Québec sont indissociables de celles des nations autochtones, qui offrent d'ailleurs à toutes les Québécoises et à tous les Québécois un exemple admirable de résilience.

Il faut donc non seulement s'allier dans une lutte commune vers l'émancipation, mais aussi devenir des complices dans l'élaboration d'un Québec nouveau où chacune des nations qui le composent aura les moyens de réaliser son plein potentiel.

Les Anglo-Québécois

Viviane Martinova-Croteau
vice-présidente du conseil national d'Option nationale
linguiste

Que la lutte pour la liberté et l'indépendance québécoise interpelle la minorité anglo-québécoise n'est pas une idée nouvelle ni saugrenue. Les patriotes du 19e siècle comptaient dans leurs rangs plusieurs anglophones d'origine britannique ou américaine en plus de leurs membres irlandais, écossais et italiens. En 1838, la visionnaire Déclaration d'indépendance du Bas-Canada* était rédigée par le docteur Robert Nelson ; son frère, Wolfred Nelson, conduisit les rebelles patriotes à leur seule victoire contre les autorités monarchistes sur un champ de bataille, à Saint-Denis**. Ces récits sous-tendent souvent de belles histoires d'amitié. Contre la violence du régime britannique oppresseur, ces anglophones souvent privilégiés, mais lucides et justes, luttaient aux côtés de leurs concitoyens, certains par les armes, d'autres par la voie politique, pour des idéaux républicains et démocratiques qui ne pouvaient que bénéficier à tous.

Aujourd'hui, les 8,3 % de Québécois de langue maternelle anglaise[35] parmi nous sont encore massivement réfractaires à l'idée de séparer les nations francophone québécoise et anglophone canadienne. C'est que passer d'un statut de majorité contrôlant l'ensemble des institutions de leur pays à celui de minorité suppose une perte. Mais laquelle? À quoi devra renoncer la collectivité anglo-québécoise avec l'indépendance du Québec? Plus intéressant encore, cependant: n'y a-t-il pas aussi pour elle quelque chose à gagner?

Ce texte vise à dresser sans complaisance le *package deal* de l'indépendance pour la collectivité anglo-québécoise et à démontrer que ce qu'elle peut en tirer vaut la perte de quelques privilèges.

Nommer les droits collectifs

Au lendemain de l'indépendance, la protection constitutionnelle canadienne dont peuvent se prévaloir les communautés anglo-québécoises sera dissoute. Disons que cela rend compréhensibles leurs appréhensions à l'égard du projet. Or, cette protection, il faudra la remplacer. Il sera donc essentiel que la république québécoise aménage des barrières de protection autour de sa minorité anglophone, laquelle a sur ce territoire des droits historiques et inaliénables aussi légitimes que ceux des francophones.

Il sera tout d'abord primordial de nommer et de reconnaître explicitement les Anglo-Québécois en tant que minorité linguistique[36] ayant des droits collectifs***. Ces droits prendront notamment la forme d'institutions contrôlées par la collectivité anglophone et subventionnées par l'État: des écoles et des hôpitaux, bien sûr, mais aussi certaines institutions culturelles et médiatiques. Les Anglo-Québécois seront également en droit de s'attendre à des services municipaux et étatiques accessibles dans leur langue là où se concentrent leurs communautés importantes[****].

Le dynamisme qui caractérise la minorité anglo-québécoise et le rayonnement international que connaît sa culture ne sont comparables à ceux d'aucune autre minorité linguistique en Amérique du Nord. La responsabilité incombera au Québec et à sa majorité francophone de continuer à lui assurer cet espace d'épanouissement; ses succès seront une grande source de fierté collective.

Rééquilibrer les ressources

La garantie de protection constitutionnelle évoquée ci-haut, toutefois, n'équivaut pas à un *statu quo*. Un Québec indépendant ne comblera pas l'entièreté de l'écart laissé par le retrait des subventions canadiennes aux institutions de la minorité anglophone, tout simplement parce que celles-ci sont encore parfois massivement disproportionnées en regard de la répartition linguistique de la population. Actuellement, en sol québécois, la part des sommes allouées aux universités anglophones est de 23 % du financement canadien et de 33 % du financement québécois, ce qui représente, pour 8,3 % de la population, 29 % du total[37]. En réalité, ce n'est pas l'indépendance qui suppose pour les Anglo-Québécois une perte de ces privilèges indus, qui constituent au fond les restes d'une longue histoire d'assimilation stratégique des francophones au tronc commun *canadian*; c'est la justice, tout simplement.

Pour l'amour de Montréal

Bien que l'on retrouve historiquement des communautés anglophones fières et dynamiques aux quatre coins du Québec, c'est dans la grande région de Montréal qu'elles sont le plus concentrées. Montréal a perdu son statut de métropole du Canada depuis la fin des années 1970 au profit de Toronto et, depuis, la lourde tendance au détournement de son économie vers sa rivale ne fait que s'accentuer. Il est en effet normal qu'un gouvernement canadien, pris de considérations électoralistes, mise sur son grand centre urbain lorsqu'il choisit ses lieux d'investissement stratégiques. Dans un plan de développement économique pancanadien, Montréal demeure une ville périphérique régionale. Son potentiel sera beaucoup plus grand comme métropole d'un pays nord-américain. Les Anglo-Montréalais aiment profondément leur ville et son caractère unique, qu'ils contribuent beaucoup à façonner à travers les époques. Afin de contrôler à long terme la fuite de capitaux hors de la ville et d'assurer son rayonnement culturel et économique, la séparation devient incontournable*****.

Un rôle politique moins contestataire, plus constructif

Dire que la scène politique et le système démocratique actuels ne permettent pas la pleine expression des aspirations des communautés anglo-québécoises est... un euphémisme. Tenues pour acquises par le principal parti fédéraliste du Québec, elles voient leur rôle électoral réduit à une opposition systématique au nationalisme québécois[******]. Il en ressort que, depuis les années 1970, les Anglo-Québécois ne se positionnent jamais, du moins électoralement, sur un axe gauche-droite, sur l'environnement, sur la politique étrangère et ainsi de suite. Lorsque la question nationale sera réglée et que son issue, l'indépendance, sera acceptée de tous, les Anglo-Québécois, libérés de leur position contestataire, pourront assumer un rôle politique beaucoup plus constructif et riche.

L'indépendantisme peut et doit sortir de son premier public. C'est nous qui avons raison. Toute personne de cœur, informée et intellectuellement honnête, saura le reconnaître, à la façon de ces héros anglophones qui jalonnent notre histoire.

* La Déclaration d'indépendance du Bas-Canada proclamait la laïcité de l'État, les droits des autochtones et la fin de toute discrimination à leur égard, l'abolition de la dîme et des redevances aux seigneurs, la liberté de presse, le suffrage universel pour tous les hommes, la nationalisation des terres, l'élection d'une assemblée constituante et la reconnaissance des deux langues comme langues officielles. Les patriotes étaient cependant farouchement opposés au droit de vote des femmes et à leur acceptation comme citoyennes. La Déclaration fait partie du domaine public.

** C'est une bien étrange chose d'ailleurs que la Journée des Patriotes soit boudée par la communauté anglophone, elle qui a fourni de tels héros.

*** Contrairement à ce qui est fréquemment véhiculé, c'est en effet de droits collectifs, et non individuels, qu'il est question ici.

**** La consécration des droits des communautés historiques anglophones est une constante dans les programmes indépendantistes se rapportant à l'écriture d'une constitution québécoise.

***** À ce sujet, lire, en anglais, *The Question of Separatism: Quebec and the Struggle over Sovereignty* (1980) écrit par l'urbaniste d'origine américaine Jane Jacobs, un ouvrage dont les fines analyses demeurent essentielles.

****** «Non-francophones vote strategically, not so much for the Liberals as against the pro-secession, anti-minority Parti Québécois, out of what I've called "pequophobia" – fear of the election of a PQ government.» Macpherson, Don. «The myth of non-francophone control of the Quebec Liberal Party.» *The Montreal Gazette* (4 février 2015). Une panoplie d'autres chroniques, d'éditoriaux et de lettres d'opinion vont dans le même sens.

Les immigrants

Pierre-Alain Hoh
gestionnaire de projets, immigrant

Les immigrants sont des Québécois. Au même titre que les autres Québécois, ils veulent une vie heureuse et stable, un environnement sain et sécuritaire, des occasions pour eux et pour leurs proches ; ils veulent un emploi, un toit et un avenir pour leurs enfants.

En somme, les immigrants sont des Québécois comme les autres. Enfin, presque. Car l'immigration amène son lot de défis. L'un des plus importants est sans conteste l'accès à l'emploi, un enjeu central de l'intégration[38]. Le chômage est bien plus prononcé dans la population immigrante – en 2009, au Québec, le chômage dans la population immigrante était de 13,7 %, comparativement à 7,6 % pour la population née au Canada –, et ce, malgré un niveau de scolarité plus élevé que dans l'ensemble de la population[39]. En 2006, il y avait 51 % de diplômés universitaires parmi les immigrants arrivés au Québec depuis moins de cinq ans, contre 16,5 % dans l'ensemble de la population[40].

Nous l'avons vu notamment dans les chapitres sur l'économie et sur le français, une partie de notre échec à intégrer adéquatement les immigrants est due aux barrières que nous impose notre appartenance au régime canadien. L'indépendance sera l'occasion de faciliter l'intégration des immigrants à la communauté nationale.

L'intégration au monde du travail

L'intégration est le fondement de la réussite pour les immigrants. Notre dépendance nous empêche toutefois de créer des services adéquats pour que ceux-ci s'intègrent au monde du travail. Avec la marge de manœuvre que nous permettra de dégager l'indépendance, des services adaptés aux besoins de l'immigration verront le jour pour rattacher les immigrants aux entreprises et aux milieux de travail*, et pour rapprocher les immigrants des emplois[41]. Ce genre de mesures d'intégration profitera aux immigrants, pour qui l'emploi est une clé de l'intégration, mais produira également des conditions économiques favorables à la création d'emplois.

L'intégration à la communauté nationale

L'intégration à la société d'accueil passe également par l'identité. Selon l'Accord Canada-Québec en matière d'immigration et d'admission temporaire des aubains, le Canada a le pouvoir, notamment, de déterminer les niveaux d'immigration, d'en définir les catégories, d'octroyer le droit d'asile, la résidence permanente et la citoyenneté, d'autoriser les séjours temporaires[42]. Nous n'obtenons, dans ce domaine, que des miettes. Le régime canadien dispose ainsi d'un énorme pouvoir d'attraction, de visibilité et d'influence auprès de la population immigrante. Même si nous sélectionnons nos immigrants, c'est bien le Canada qui est responsable de leur admission et qui leur délivre leur visa. Une fois sur notre territoire, ils sont accueillis et accompagnés par le gouvernement canadien tout au long de leur processus d'intégration, jusqu'à l'obtention de leur citoyenneté canadienne.

Or, il suffit de lire le guide d'étude *Découvrir le Canada*, que tout candidat à la citoyenneté canadienne doit étudier, pour être convaincu de la fausse représentation que donne Ottawa de son pays aux nouveaux arrivants en matière de langue, de culture et d'économie[43]. Ainsi, le Canada attire de nombreux immigrants vers sa culture, sa langue anglaise majoritaire et sa vision de l'histoire, des institutions, etc. Les immigrants, pris entre cette vision diffusée par le Canada et la réalité de leur vie au Québec, sont tiraillés[44]. Comme le montre le graphique de la page suivante, lorsqu'il est question d'identité, les allophones s'identifient avant tout comme Québécois et Canadiens au même degré, contrairement aux autres Québécois.

Pris entre leur réalité quotidienne et le pays que leur a présenté le gouvernement du Canada, les immigrants se posent la question légitime de leur appartenance[45]. La forte représentation canadienne de même que notre ambivalence nationale, très bien caractérisée par le référendum de 1995, contribuent à notre difficulté d'attirer les immigrants. Ceux-ci ne se mêlent pas à la nation autant qu'ils

Identification selon la langue maternelle

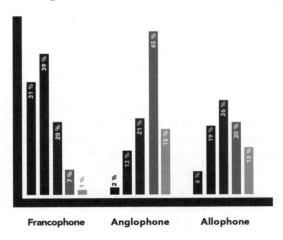

Francophone
- 31 %
- 39 %
- 20 %
- 7 %
- 1 %

Anglophone
- 2 %
- 12 %
- 21 %
- 45 %
- 18 %

Allophone
- 6 %
- 19 %
- 26 %
- 20 %
- 13 %

Québécois seulement
Québécois d'abord, aussi Canadien
Également Québécois et Canadien
Canadien d'abord, aussi Québécois
Canadien seulement

le pourraient et n'apportent pas toute leur contribution possible à sa cohésion. Indépendants, nous pourrons toutefois nous assumer définitivement et contrôler tous nos leviers, qu'il soit question de culture, d'économie ou d'immigration. Cette affirmation sur tous les plans sera attirante pour les immigrants et constituera le véhicule d'une meilleure intégration à la nation québécoise.

La langue

Le Québec reste de loin la province canadienne avec le plus faible transfert linguistique vers la langue de la majorité pour les immigrants, à environ 50 %[46]. Le français ne cesse de reculer au Québec, notamment dans les milieux de travail[**]. Or, une nation qui ne s'affirme pas n'attire pas les immigrants ; ceux-ci doivent se sentir concernés par la langue française, et pour cela il faut que les Québécoises et les Québécois assument sans détour la place que celle-ci doit prendre. Indépendants, nous pourrons mieux choisir nos politiques d'immigration, mais aussi assurer au français la place qui lui revient auprès des immigrants en améliorant la francisation et les services de francisation qui leur sont offerts. Nous pourrons ainsi assurer la pérennité de notre langue, sans quoi celle-ci continuera son lent déclin accentué par les politiques d'immigration récentes, tandis que tous les scénarios prévoient une baisse significative du poids du groupe francophone au Québec d'ici à 2056[47].

Bâtir ensemble le pays

L'indépendance est une occasion de rassembler les immigrants et les autres Québécois autour de l'établissement de valeurs communes et de l'élaboration d'une Constitution pour notre pays. Avec leur bagage singulier, leurs expériences et leur culture, les immigrants constituent un apport unique et précieux pour le Québec. On peut penser aux cuisines ou aux produits de diverses origines qui se multiplient dans nos villes, mais les immigrants peuvent aussi nous transmettre d'autres visions de l'éducation, de la famille, de leur profession ou de l'entrepreneuriat. Il existe par exemple une Chambre de commerce latino-américaine du Québec dont l'une des missions est d'accroître les échanges entre le Québec et l'Amérique latine[48].

En raison de leur taux de chômage élevé malgré leur niveau de scolarité supérieur, de l'ambivalence identitaire au Québec et du faible transfert linguistique vers le français, les immigrants québécois sont parfois déphasés par rapport à leur société d'accueil, ce qui nuit à leur intégration. L'indépendance sera une chance unique de redéfinir notre société. Elle permettra à notre État d'être maître d'œuvre du processus d'immigration et de citoyenneté, de développer le sentiment d'appartenance des immigrants à la société québécoise et d'améliorer leur participation à notre vie démocratique. Mais l'indépendance, surtout, leur ouvrira les possibles. Elle leur donnera la chance de fonder un pays.

* Une initiative a pu démontrer le succès d'une telle approche en Beauce en juin 2015, où on a amené des immigrants directement aux entreprises ayant des emplois à leur offrir.

** Il est soumis à la loi du nombre, mais également, et cela est plus grave en regard de l'immigration, à l'affaiblissement, par le régime canadien en place, des institutions publiques et de leur rôle dans sa préservation, comme l'expose le chapitre sur le français.

Conclusion

Ce livre a présenté ce que nous perdons à laisser Ottawa contrôler une part déterminante de notre pouvoir politique et de nos leviers économiques, ainsi que ce que nous gagnerons à être indépendants. En effet, c'est en devenant un pays que nous pourrons atteindre notre plein potentiel économique dans une perspective durable, protéger notre territoire, faire briller notre culture, réformer nos institutions démocratiques et continuer de faire entendre notre accent au monde entier. Bâtir un pays avec nous offrira aux autochtones du Québec une occasion exceptionnelle de sortir de l'impasse politique dans laquelle ils se trouvent et de cheminer vers l'autodétermination. C'est en faisant du Québec un pays que les rapports entre francophones et anglophones s'assainiront. De la même façon, fonder un pays avec nous donnera envie aux immigrants de se métisser à notre peuple.

Manifestement, le Québec a besoin de sa liberté pour réaliser tout ce qu'il porte de possibles et se démarquer comme acteur de progrès au 21e siècle.

Quel avenir dans le Canada?

Sachant cela, deux choix s'offrent à nous : l'inertie ou l'action. L'inertie entraînerait inévitablement nos décisions politiques dans le sillage des choix du Canada. Lentement mais sûrement, nous serions modelés par les choix des autres. La diversité qui fait la beauté du concert des peuples s'en verrait diminuée, javellisée, aplatie. Il peut et il doit en être autrement. Nous avons ce qu'il faut de ressources et d'ardeur pour y arriver.

Nous traversons depuis un certain temps une crise de confiance envers nos institutions politiques et nos politiciens. La corruption révélée par les enquêtes publiques, la friabilité des promesses électorales et les préjugés nourris par certains médias nous font perdre espoir en l'action politique. Nous ne savons plus ce que nous pouvons en attendre. L'envie de nous détourner de la politique, de bouder nos institutions et de baisser les bras nous guette. L'actualité nous offre quotidiennement de nouvelles raisons de nourrir ce découragement.

Choisir l'action

Pour nous défaire du sentiment d'impuissance qu'alimentent nos institutions politiques en crise, pour s'arracher à la désillusion et à l'arasement de l'espoir, il faut donner sa chance au désir et choisir l'action. Il nous faut opposer quelque chose à cet horizon déprimant. Chaque étudiant et chaque travailleur, chaque parent et chaque citoyen, chaque femme et chaque homme peuvent contribuer à bâtir notre pays. Nous oublions, dans le flot du quotidien, que chacun de nous est une force tranquille qu'il ne suffit qu'à mettre en marche. Chaque personne que vous ferez changer d'avis, chaque compatriote à qui vous aurez inspiré le goût de la liberté nous rapprocheront de notre but et nourriront l'espoir. Ensemble et organisés, nous sommes plus forts que le *statu quo*.

Nos ancêtres ont refusé de s'effacer. Ils ont été vaillants, solidaires et inventifs. Ils ont bâti cette patrie qui a fait de nous ce que nous sommes aujourd'hui : un peuple instruit et voyageur, ouvert et pacifique, tourné vers l'avenir. Ils sont allés au bout de ce que leur permettait le régime anglais, puis canadien. Le prochain pas nous appartient. Devenons enfin ce que nous sommes et qui veut naître depuis si longtemps. Notre succès inspirera les autres nations qui cherchent à s'émanciper. Dressons-nous ensemble pour notre liberté et celle des autres peuples.

Postface

Nous, le peuple.
Nous, les indépendantistes.

Robert Laplante
directeur de L'Action nationale

Il n'y a pas trente-six façons de voir l'essentiel : la question
de l'indépendance, c'est celle de la liberté. Liberté de décider soi-même, liberté de se gouverner soi-même, liberté
de se projeter dans l'avenir comme on l'entend. Un peuple
se gouverne ou il est gouverné. Cela renvoie donc à des
considérations beaucoup plus larges que les seules pré-
occupations concernant l'équilibre des finances, l'organisation des services publics ou toute autre question
d'intendance.

Le Québec n'est pas maître dans sa maison. C'est la raison
fondamentale pour laquelle il nous faut faire l'indépendance.

L'oppression que nous subissons n'a évidemment pas le
visage de la misère que le terme évoque souvent. Mais une
chaîne est une chaîne, qu'elle soit engluée de cambouis ou
plaquée d'or.

Le régime politique dans lequel le Canada nous tient
enfermés, dans lequel il nous a enchaînés, nous prive col-
lectivement de la capacité de choisir nos orientations de

développement, limite nos champs d'action et nous prive de l'exercice des responsabilités inhérentes à la pleine liberté politique. Nous ?

Nous, le peuple du Québec. La nation née sur les bords du Grand Fleuve, qui a grandi dans l'adversité de la Conquête. Nous, la nation vaillante et débrouillarde qui a su grandir sous la contrainte. Qui a sillonné l'Amérique qu'elle a nommée, du Mississippi aux Territoires du Nord-Ouest. Nous, le peuple qui a su tendre la main aux autochtones et s'indigner du sort des Métis et de Louis Riel.

Nous, le peuple qui a subi la répression sanglante de la Révolte des patriotes ; qui a été annexé de force par l'Acte d'Union et encarcané par la suite dans l'Acte de l'Amérique du Nord britannique. Nous, la nation niée par l'imposition de la Constitution de 1982, rédigée pour nous empêcher de construire ici une vie intégralement française, pour nous placer sous la coupe d'une majorité qui nous impose ses choix de développement.

Nous, le peuple qui a su mobiliser ses forces vives pour faire du Québec l'une des sociétés les plus conviviales du monde. Qui a su le faire en ne comptant jamais que sur une part minime des ressources qui auraient dû lui appartenir en entier. Qui a dû le faire en composant avec toute l'anxiété de se savoir précaire.

Nous, le peuple qui a subi de durs revers et qui a toujours su se relever. Qui cherche sa voie tout en inventant sa route. Seul tel qu'en lui-même et pourtant fidèle aux plus hautes exigences de l'hospitalité.

Nous, le peuple au destin étrangement traité par le Canada, qui n'en finit plus de se penser sans nous tout en se croyant chez lui chez nous.

Nous, le peuple singulier qui reste tiraillé par tout ce que le déni canadien peut lui faire cultiver de doute sur lui-même.

Nous, les indépendantistes, avons le devoir de dresser la confiance contre l'adversité et l'intimidation. Contre, surtout, la vision rabougrie de nous-mêmes qui empoisonne encore trop d'esprits. Nous avons le défi de briser le carcan, de rompre les entraves que nous inflige le régime canadien avec une force de plus en plus arrogante.

Nous, les indépendantistes, avons le devoir et la tâche de faire voir les empêchements, de faire réaliser à nos compatriotes comment, et en quoi, la privation de liberté nous tient dans un état de sous-oxygénation permanent. Nous avons à faire prendre conscience que le Canada nous condamne à vivre en dessous de notre potentiel, à nous contenter de demi-mesures avec les moyens qu'il nous laisse. Et qui pourtant proviennent des impôts que nous lui confions.

Nous avons à faire comprendre que ce que ce pays est devenu nous impose des conditions qui rendront de moins en moins possible l'épanouissement de notre société. Qu'il nous deviendra de moins en moins possible de nous ménager des espaces d'originalité. Nous avons à démontrer que la dynamique évolutive du Canada place nos deux sociétés sur des voies qui s'éloignent de plus en plus radicalement l'une de l'autre.

Les indépendantistes ne doivent rien négliger pour faire réaliser aux Québécoises et aux Québécois qu'ils ne comptent plus dans le régime canadien. Ils sont encore trop nombreux, nos concitoyens, à ne pas réaliser que les gouvernements majoritaires peuvent se former au Canada sans qu'un seul député du Québec n'y figure. La carte électorale du Canada nous a enfermés dans le statut de minoritaires à perpétuité. Dans la meilleure des hypothèses, il pourra arriver que les souhaits de la démocratie québécoise soient pris en compte par la majorité canadienne, mais cela ne se fera jamais qu'aléatoirement. Cela n'arrivera qu'à la condition de correspondre aux priorités élaborées pour une majorité qui sait très bien qu'elle peut se passer non seulement de notre avis, mais aussi de ce que nous sommes.

Nous, les militants de l'indépendance, avons la tâche de démontrer que la Constitution imposée constitue un déni de démocratie, un acte illégitime conduit pour empêcher le Québec d'exister autrement qu'à titre de minorité encadrée par un dispositif juridique et institutionnel conçu pour contenir le dynamisme de notre peuple, pour limiter le champ de ses possibles. Nous avons à faire voir et éprouver les limites que nous impose le statut de peuple entravé. Nous avons à démonter l'imposture intellectuelle et politique de ceux-là qui prétendent contre toute évidence rationnelle que la minorisation constituerait pour nous la meilleure avenue de développement. Nous avons à dénoncer ceux-là qui prétendent que notre sort serait meilleur s'il continuait d'être réglé par les choix des autres.

La pensée indépendantiste doit servir en toute circonstance à dévoiler où et en quoi nos intérêts nationaux sont brimés par le régime. Ce n'est pas là d'abord affaire de rhétorique, mais bien plutôt d'analyse rigoureuse. Il faut faire prendre conscience que le Canada a fait des choix qui l'entraînent d'ores et déjà à considérer comme des obstacles majeurs à son développement certains des choix fondamentaux qui ont charpenté et charpentent encore notre existence nationale. Les exemples abondent, mais nul enjeu ne l'illustre mieux que celui de l'occupation du territoire.

Notre pays occupe un espace géostratégique que le Canada considère comme essentiel à son développement. Et il est décidé à faire tout en son pouvoir pour nous priver de tout contrôle sur le territoire où il entend déployer de gigantesques infrastructures d'exportation du pétrole sale sur lequel il a choisi de faire porter son avenir. Il ne reculera devant rien à quoi nous tenons et que nous pourrions invoquer. Il se pense dans la certitude des droits qu'il est convaincu d'avoir sur nous. Surtout quand il s'agit de marquer le territoire, de souiller le fleuve, d'empoisonner l'eau.

Le Canada est devenu un pétro-État et les Québécoises et les Québécois n'ont pas encore pris toute la mesure de ce que cela signifie pour notre existence nationale. Fort des pouvoirs que la Constitution illégitime lui accorde, il peut s'arroger, il s'arroge d'ores et déjà le contrôle sur toutes les infrastructures essentielles : il contrôle les chemins de fer, peut nous imposer oléoducs et pipelines, il maîtrise le fleuve et le livre déjà aux *supertankers*. Tout le chagrin de Lac-Mégantic n'y changera rien : Ottawa fera à sa guise. Le Québec devra vivre avec les risques qu'il lui fera courir. Notre sentiment d'appartenance au territoire du Québec ne compte pour rien à Calgary.

Nous ne sommes pas maîtres dans notre maison.

Nous pouvons marcher, protester, dénoncer. La vérité, c'est que nos impôts servent à subventionner l'industrie du pétrole sale, à financer les infrastructures qui menacent notre environnement et risquent de détruire à jamais l'eau des nappes phréatiques, les sols que nous cultivons depuis quatre siècles, les communautés que nous avons bâties. La vérité, c'est que les quelque 50 milliards d'impôts que le Québec verse à Ottawa sont sous le contrôle d'une majorité qui en dispose selon ses choix, quoi que nous en pensions ou que nous en disions. Ces sommes, nous devons les rapatrier pour les faire servir aux finalités que nous voulons définir nous-mêmes.

Nous, les indépendantistes, avons le devoir de montrer qu'un autre développement est possible. Nous avons la tâche de convaincre nos concitoyens de refuser l'impuissance, de résister à la résignation. Le Canada n'est pas un horizon indépassable.

Nous, les indépendantistes, sommes des témoins de ce que le Québec peut rêver de mieux et de plus grand. Nous avons à cultiver la fierté de ce que nous réalisons, l'orgueil de ce dont nous sommes capables. En toute chose nous avons à nous faire l'injonction de vivre selon notre génie propre. Le Québec est plus grand que tout ce que le Canada pourra jamais lui offrir.

Nous sommes des militants. Nous sommes des artisans. Nous avons une confiance inébranlable dans le potentiel de notre peuple. Nous savons qu'il est capable de dépassement. Qu'il a tout ce qu'il faut pour s'arracher à ce qui le retient à l'intérieur de lui-même de ne pas se choisir.

Nous savons qu'un peuple avance dans l'histoire du pas déterminé par l'ardeur de ses passions. Et nous brûlons d'un si ardent désir de liberté !

Nous, les indépendantistes. Nous sommes, comme le dit Gaston Miron, «des bêtes féroces de l'espoir».

Références

[1] Miron, Gaston. *Un long chemin : proses 1953-1996*. Montréal. Éditions L'Hexagone, 2004.

[2] Organisation des Nations unies. «Progression du nombre des États Membres de 1945 à nos jours». *Organisation des Nations unies*, États Membres, 2015. Web. 30 mai 2015.

[3] La formule est de Jean-Martin Aussant.

[4] Gouvernement du Canada. «Le partage constitutionnel des pouvoirs législatifs». *Gouvernement du Canada*. Affaires intergouvernementales, 2015. Web. 28 mai 2015.

[5] Croteau, Martin. «Le Canada se retire du protocole de Kyoto», *La Presse*, 12 déc. 2011. Web.

[6] Descôteaux, Bernard. «Le mauvais élève», *Le Devoir*, 9 déc. 2014. Web.

[7] Baril, Jean et David Robitaille. «Les lois du Québec sont applicables», *Le Devoir*, 31 oct. 2014. Web.

[8] Desjardins, François, avec Marie Vastel. «Enbridge peut aller de l'avant avec l'inversion du pipeline», *Le Devoir*, 7 mars 2014. Web.

[9] Canada, Environnement Canada. «La législation et les politiques fédérales» Gouvernement du Canada : Environnement Canada, 2015. Web.

[10] Lévesque, Sonia. « Le couperet tombe à l'Institut Maurice-Lamontagne », *Hebdos régionaux*, 18 mai 2012. Web.

[11] Vastel, Marie. «Plus de vérifications, mais pas sur les voies», *Le Devoir*, 30 oct. 2014. Web.

[12] Gravel, Pauline. «Un secteur négligé par les partis politiques – Et la recherche scientifique?», *Le Devoir*, 30 avr. 2011. Web.

[13] Laprise, René. «Budget fédéral 2010 – L'environnement et le climat en deuil», *Le Devoir*, 11 mars 2010. Web.

[14] Rettino-Parazelli, Karl. «Nouvelle alliance pour l'écofiscalité», *Le Devoir*, 5 nov. 2014. Web.

[15] Allaire, Yvan. *Le Québec et ses ressources naturelles: Comment en tirer le meilleur parti.* Institut sur la gouvernance d'organisations privées et publiques, 2013. Web.

[16] La presse canadienne. «Les subventions à l'industrie pétrolière s'élèveraient à 2,8 milliards $ par année», *Les Affaires*, 3 nov. 2010. Web. 4 juill. 2015.

[17] Lisée, Jean-François. «L'emploi québécois dans les sables mouvants albertains», *L'Actualité*, 31 janv. 2012. Blogue de Jean-François Lisée. Web. 25 avr. 2015.

[18] Défense nationale et les Forces armées canadiennes. *Stratégie de défense Le Canada d'abord* Gouvernement du Canada: Défense nationale et les Forces armées canadiennes, 2013. Web. 22 avr. 2015.

[19] Québec. Commission de révision permanente des programmes. *Rapport de la Commission de révision permanente des programmes.* Gouvernement du Québec: Commission de révision permanente des programmes, 2014. Web.

[20] Canada. Secrétariat du Conseil du Trésor du Canada. *Effectif de la fonction publique fédérale par ministère.* Gouvernement du Canada: Secrétariat du Conseil du Trésor du Canada, 2015. Web.

[21] Gobeil, Stéphane. *Un gouvernement de trop.* Montréal: VLB éditeur, 2012. Imprimé.

[22] Beaulne, Pierre. «La péréquation : un hold-up québécois ?» Institut de recherche et d'informations socio-économiques, 3 juill. 2012. Web. 4 juill. 2015.

[23] La Presse canadienne, « Le durcissement des peines mis en doute à Justice Canada », *Le Devoir*, 28 nov. 2011.

[24] Hélène Buzzetti. « Les prisons provinciales écopent », *Le Devoir*, 19 nov. 2014.

[25] Côté, François. «De l'intégrité du droit privé québécois de tradition civiliste au sein du cadre constitutionnel canadien», dans Patrick Taillon (dir), Mélange en l'honneur des professeurs Henri Brun et Guy Tremblay, Presses de l'Université Laval, Québec (à paraître).

[26] Direction de la langue française et de la diversité linguistique, «La langue française dans le monde» (vidéo), Données et statistiques sur la langue française, Organisation internationale de la Francophonie. Web. 8 juin 2015.

[27] Québec. Office québécois de la langue française. *Perspectives démolinguistiques du Québec et de la région de Montréal (2006-2056)* 2011. Web.

[28] Données du recensement de 2011 de Statistique Canada.

[29] Québec. Office québécois de la langue française. *Perspectives démolinguistiques du Québec et de la région de Montréal (2006-2056)* 2011. Web.

[30] *Idem.*

[31] Hurteau, Philippe et Simon Tremblay-Pepin. «Transferts fédéraux et mal-financement universitaire» p. 4. Institut de recherche et d'informations socio-économiques, 2013. Web.

[32] *Op. cit.*

[33] *Op. cit.*

[34] Québec. Ministère des Finances. *Un plan de financement des universités équitable et équilibré, Budget 2011-2012*, p. 13. Québec : ministère des Finances, 2013. Web.

[35] Canada. Statistique Canada. *Caractéristiques linguistiques des Canadiens : Langue, recensement de la population en 2011.* Gouvernement du Canada : Statistique Canada, 2012. Web.

[36] Leclerc, Jacques. « (7) Les droits de la minorité linguistique anglophone ». *L'aménagement linguistique dans le monde*. Dernière mise à jour le 15 avril 2015. Web.
Seymour, Michel. *Mémoire déposé à la Commission des États Généraux de la langue française : le français comme langue publique commune du Québec* Montréal, Département de philosophie, Université de Montréal, 2000. Web.

[37] Lacroix, Frédéric et Patrick Sabourin. *Financement des universités : le non-dit.* Les cahiers de lecture de L'Action nationale, été 2015, volume ix, numéro 3, 2004. Web.
Société Saint-Jean-Baptiste de Montréal. *Pour un financement équitable du réseau universitaire francophone au Québec. Mémoire présenté dans le cadre du Sommet sur l'enseignement supérieur par la Société Saint-Jean-Baptiste.* 6 févr. 2013. Web.
Des chiffres objectifs ne sont pas accessibles pour les autres domaines.

[38] Bélanger, Isabelle-Anne. «Nos immigrants qualifiés affrontent ignorance et mépris», *La Presse*, 30 sept. 2009 : Opinions. Web. 20 juin 2015.

[39] Québec. Institut de la Statistique du Québec. «Participation des immigrants au marché du travail en 2009». *Institut de la Statistique du Québec*: tableau 1, p. 16. Web. 20 juin 2015.

[40] Gagné, Robert. «Scolarisation universitaire : Le Québec en retard depuis 50 ans», *Les Affaires*,10 févr. 2013. Web. 20 juin 2015.
Radio-Canada. «Le chômage nettement plus élevé chez les immigrants diplômés», *Radio-Canada* et *La Presse Canadienne*, 5 oct. 2010 : Économie. Web. 20 juin 2015.

[41] Radio-Canada. «Une petite séduction pour chercheurs d'emploi en Beauce», *Radio-Canada,* 17 juin 2015. Web. 20 juin 2015.

[42] Québec. Ministère de l'Immigration, de la Diversité et de l'Inclusion. «L'immigration au Québec. Le rôle du Ministère de l'Immigration, de la Diversité et de l'Inclusion et de ses partenaires. Document de référence» *Ministère de l'Immigration, de la Diversité et de l'Inclusion* Deuxième partie. Le partage des responsabilités entre le Québec et le Canada, déc. 2014. Web. 20 juin 2015.

[43] Canada. Citoyenneté et Immigration Canada. «Découvrir le Canada. Les droits et responsabilités liés à la citoyenneté», Gouvernement du Canada : Citoyenneté et Immigration Canada. Web. 20 juin 2015.

[44] Citoyenneté et Immigration Canada. «Analyse de la recherche sur l'opinion publique – Cyberbulletin – mars 2011. L'identité du Québec en 2011 : l'attachement, l'identité et la diversité». Citoyenneté et Immigration Canada, mars 2011. Web. 20 juin 2015.

[45] Jedwab, Jack. «L'identité du Québec en 2011 : les attachements, l'identité et la diversité», Association d'études canadiennes, 2010. Web. 20 juin 2015.

[46] Québec. Office québécois de la langue française. *Perspectives démolinguistiques du Québec et de la région de Montréal (2006-2056).* Gouvernement du Québec : Office québécois de la langue française, 2011. Web.

[47] Québec. Office québécois de la langue française. «Perspectives démolinguistiques du Québec et de la région de Montréal 2006-2056». Québec : Office québécois de la langue française, 2011. Web. 20 juin 2015.

[48] Chambre de commerce latino-américaine du Québec. « Mission de la chambre ». Web. 20 juin 2015.

Remerciements

C'est à force de courage, d'inspiration, de détermination et de générosité qu'un projet militant comme celui-ci devient possible.

Nous tenons tout d'abord à remercier tous les citoyens visionnaires qui ont contribué financièrement à l'impression des 10 000 premiers exemplaires du *Livre* distribués gratuitement à travers le Québec.

Nous tenons également à remercier tous les auteurs pour leur générosité et leur rigueur; à souligner l'excellent travail de Julien Gaudreau, Viviane Martinova-Croteau et François Thériault pour leur soutien à la coordination du projet; à exprimer notre gratitude à Guillaume Boutet Dorval pour son style et sa disponibilité; à témoigner notre reconnaissance à Simon Lambert pour avoir coordonné l'équipe de révision, constituée d'Antoine Drouin, Audrey Ducharme, Mathieu L. Bouchard et Viviane Martinova-Croteau.

Nous tenons également à dire un immense «merci» à Jean-Évrard Bilodeau, Louis-Félix Cauchon, Luc-Antoine Cauchon, Véronique Côté, Catherine Dorion, Michaël Dubé, Philippe Durocher, Sylvain Gauthier, André Koolen, Jean-François Labbé, Alexandre Lavallée, Sarah L'Italien, Julien Longchamp, Robert Mailhot, Marianne

Marceau, Ghislain Taschereau et Richard Trudel pour leur précieuse contribution.

Et pour finir, soulignons le rôle essentiel de notre éditeur Pierre-Luc Bégin. Cet ouvrage est produit sans but lucratif. Des éditeurs qui acceptent ça, ça ne court pas les rues. Si elle pouvait parler d'une seule voix, la patrie lui dirait certainement merci.

Sol Zanetti

Table des matières

Achevé d'imprimer
sur les presses de Imprimerie H.L.N.
Imprimé au Québec sur papier recyclé
100 % postconsommation
2015